Kohlhammer

Lindauer Beiträge zur Psychotherapie und Psychosomatik

Herausgegeben von Michael Ermann und Dorothea Huber

Michael Ermann, Prof. Dr. med. habil., ist Psychoanalytiker in Berlin und em. Professor für Psychotherapie und Psychosomatik an der Ludwig-Maximilians-Universität München.

Dorothea Huber, Professor Dr. med. Dr. phil., war bis 2018 Chefärztin der Klinik für Psychosomatische Medizin und Psychotherapie an der München Klinik. Sie ist Professorin an der Internationalen Psychoanalytischen Universität, IPU Berlin, und in der wissenschaftlichen Leitung der Lindauer Psychotherapiewochen tätig.

Eine Übersicht aller lieferbaren und im Buchhandel angekündigten Bände der Reihe finden Sie unter:

 https://shop.kohlhammer.de/lindauer-beitraege

Die AutorInnen

Dr. med. Ursula Gast, Privat-Dozentin, ehemals Chefärztin in Bielefeld. Sie ist Gründungs- und Ehrenmitglied der Deutschsprachigen Gesellschaft für Psychotraumatologie (DeGPT).

Prof. Dr. Pascal Wabnitz, Diplom-Psychologe, ist Psychologischer Psychotherapeut in eigener Praxis und Professor an der Fachhochschule der Diakonie in Bielefeld.

Ursula Gast
Pascal Wabnitz

Dissoziative Störungen erkennen und behandeln

3., erweiterte und überarbeitete Auflage

Verlag W. Kohlhammer

Dieses Werk einschließlich aller seiner Teile ist urheberrechtlich geschützt. Jede Verwendung außerhalb der engen Grenzen des Urheberrechts ist ohne Zustimmung des Verlags unzulässig und strafbar. Das gilt insbesondere für Vervielfältigungen, Übersetzungen, Mikroverfilmungen und für die Einspeicherung und Verarbeitung in elektronischen Systemen.

Pharmakologische Daten verändern sich ständig. Verlag und Autoren tragen dafür Sorge, dass alle gemachten Angaben dem derzeitigen Wissensstand entsprechen. Eine Haftung hierfür kann jedoch nicht übernommen werden. Es empfiehlt sich, die Angaben anhand des Beipackzettels und der entsprechenden Fachinformationen zu überprüfen. Aufgrund der Auswahl häufig angewendeter Arzneimittel besteht kein Anspruch auf Vollständigkeit.

Die Wiedergabe von Warenbezeichnungen, Handelsnamen und sonstigen Kennzeichen in diesem Buch berechtigt nicht zu der Annahme, dass diese von jedermann frei benutzt werden dürfen. Vielmehr kann es sich auch dann um eingetragene Warenzeichen oder sonstige geschützte Kennzeichen handeln, wenn sie nicht eigens als solche gekennzeichnet sind.

Es konnten nicht alle Rechtsinhaber von Abbildungen ermittelt werden. Sollte dem Verlag gegenüber der Nachweis der Rechtsinhaberschaft geführt werden, wird das branchenübliche Honorar nachträglich gezahlt.

Dieses Werk enthält Hinweise/Links zu externen Websites Dritter, auf deren Inhalt der Verlag keinen Einfluss hat und die der Haftung der jeweiligen Seitenanbieter oder -betreiber unterliegen. Zum Zeitpunkt der Verlinkung wurden die externen Websites auf mögliche Rechtsverstöße überprüft und dabei keine Rechtsverletzung festgestellt. Ohne konkrete Hinweise auf eine solche Rechtsverletzung ist eine permanente inhaltliche Kontrolle der verlinkten Seiten nicht zumutbar. Sollten jedoch Rechtsverletzungen bekannt werden, werden die betroffenen externen Links soweit möglich unverzüglich entfernt.

3., erweiterte und überarbeitete Auflage 2023

Alle Rechte vorbehalten
© W. Kohlhammer GmbH, Stuttgart
Gesamtherstellung: W. Kohlhammer GmbH, Stuttgart

Print:
ISBN 978-3-17-039774-3

E-Book-Formate:
pdf: ISBN 978-3-17-039775-0
epub: ISBN 978-3-17-039776-7

Für Jan, Bernhard, Sophie und Leonardo
(U.G.)

Für Lisa
(P.W.)

Sind so kleine Hände
winzge Finger dran
Darf man nie drauf schlagen
die zerbrechen dann

Sind so kleine Füße
mit so kleinen Zehn
Darf man nie drauf treten
könn' sie sonst nicht gehen

Sind so kleine Ohren
scharf – und ihr erlaubt
darf man nie zerbrüllen
werden davon taub

Sind so schöne Münder
sprechen alles aus
darf man nie verbieten
kommt sonst nichts mehr raus

Sind so klare Augen
die noch alles sehn
darf man nie verbinden
könn' sie nichts verstehn

Sind so kleine Seelen
offen und ganz frei
Darf man niemals quälen
gehn kaputt dabei

Ist son kleines Rückgrat
sieht man fast noch nicht
darf man niemals beugen
weil es sonst zerbricht

Grade klare Menschen
Wär'n ein schönes Ziel
Leute ohne Rückgrat
habn wir schon zu viel

(Bettina Wegner)

© Anar Musikverlag, c/o Bettina Wegner

Inhalt

Vorwort 11

1 Was ist Dissoziation? 17
  1.1 Strukturelle Dissoziation der Persönlichkeit bei Trauma 21
    1.1.1 Dissoziationskonzept im Wandel: Von den Gründungsvätern bis heute 22
    1.1.2 Multiple Persönlichkeit – ein traditionelles psychiatrisches Krankheitsbild 23
    1.1.3 Janet und seine Zeitgenossen 24
    1.1.4 Freud und Breuer 27
    1.1.5 Höhepunkt und Wende 31
  1.2 Wiederentdeckung des Dissoziationskonzeptes 32
    1.2.1 Konsolidierung – und ihre Folgen 33
  1.3 Rückschläge und »False memory« 36
    1.3.1 Die Entwicklung in den USA 37
    1.3.2 Die Entwicklung in Deutschland und in der Schweiz 39
  1.4 Zusammenfassende Kontroverse zu Mythen und Fakten über die Dissoziative Identitätsstörung (DIS) 41
  1.5 Neuordnung der dissoziativen Störungen unter Berücksichtigung unterschiedlicher Persönlichkeitszustände 43
    1.5.1 Kriterien von Dell 44

1.6	Strukturelle Dissoziation nach van der Hart, Nijenhuis und Steele	49
	1.6.1 Primäre, sekundäre und tertiäre Dissoziation	50
	1.6.2 Definition der Dissoziation bei Trauma auf Basis der strukturellen Dissoziation	52
1.7	Aktuelle Kategorisierungen der dissoziativen Störungen	53
	1.7.1 Kategorisierung im DSM-5	55
1.8	Kategorisierung und Beschreibung von Dissoziation in ICD-11	60
	1.8.1 Dissoziativ-neurologische Symptomstörungen (DNSS)	61
	1.8.2 Dissoziative Amnesie	62
	1.8.3 Dissoziative Trance	62
	1.8.4 Depersonalisations-/Derealisationsstörung	63
	1.8.5. Dissoziative Identitätsstörung (DIS)	63

2 Wie entstehen Dissoziative Störungen? — 66

2.1	Zusammenhang von Trauma und Dissoziation	66
	2.1.1 Retrospektive Studien	67
	2.1.2 Prospektive Studien	68
	2.1.3 Prävalenz belastender Lebensereignisse bei dissoziativer (Identitäts-)Störung	70
	2.1.4 Traumatisierungen im Kontext organisierter und ideologisch begründeter Gewalt	75
	2.1.5 Dissoziation und Bindung	77
2.2	Trauma, Dissoziation und Hirnentwicklung	79
2.3	Neurobiologie und DIS	80
2.4	Wie häufig sind dissoziative Störungen?	86

3 Wie kann man dissoziative Störungen erkennen? — 93

3.1	Diagnostische Herausforderungen	93
	3.1.1 Somatoforme Symptomatik	93
	3.1.2 Psychogene Symptomatik	94
	3.1.3 Probleme mit Scham	95
	3.1.4 Probleme mit Vertrauen	96

		3.1.5 Probleme durch Fehlvorstellungen bei Therapeutinnen	96
	3.2	Diagnosestellung nach ICD-11	99
	3.3	Differentialdiagnose	100
	3.4	Komorbiditäten	103
	3.5	Unspezifische diagnostische Hinweise	104
	3.6	Standardisierte Messinstrumente	105
		3.6.1 Fragebogen für Dissoziative Symptome, FDS	106
		3.6.2 Somatoform Dissociation Questionnaire, SDQ-20	106
		3.6.3 Trauma And Dissoziative Symptome Interview (TADS-I).	107
	3.7	Strukturiertes Klinisches Interview für Dissoziative Störungen, SKID-D	108
		3.7.1 Durchführung des SKID-D	110
		3.7.2 SKID-D-Diagnosestellung anhand des Fallbeispiels von Frau L.	112
		3.7.3 Schweregradbeurteilung	115
4	**Behandlungsansätze**		**118**
	4.1	Einfache dissoziative Störungen	119
		4.1.1 Auslöser erkennen	120
		4.1.2 Übungen zur Selbstbeobachtung	121
		4.1.3 Fallbeispiel	122
	4.2	Komplexe dissoziative Störungen: DIS und partielle Form	123
		4.2.1 Phasenorientiertes Vorgehen	124
		4.2.2 ISSTD-Experten-Empfehlung im Überblick	125
	4.3	Ziele der ersten Phase: Kontrolle und Stabilität	126
		4.3.1 Errichten von Sicherheit	126
		4.3.2 Aufbau einer vertrauensvollen Beziehung – Überwindung der Angst vor Bindung	129
		4.3.3 Mitteilen und Akzeptanz der Diagnose	131
		4.3.4 Arbeit mit Persönlichkeitsanteilen	132

4.3.5	Kartieren der inneren Landkarte und interne Kooperation	135
4.3.6	Begleitende pharmakologische Behandlung	137
4.4	Traumabearbeitung	138
4.5	Die nachintegrative Phase	141

5 Spezifische Herausforderungen ... 143

5.1	Probleme mit Vertrauen und Selbstwirksamkeit....	143
5.2	Überblick behalten	144
5.3	Anhaltende dissoziative Zustände	145
	5.3.1 Überwertige Faszination von Dissoziation...	146
	5.3.2 Parteilichkeit vermeiden	146
	5.3.3 Multiple Realitäten	147
	5.3.4 Umgang mit traumatischen Erfahrungen ...	148
5.4	Täterkontakt und organisierte Täterkreise	151
5.5	Spezifische Belastungen für Therapeutinnen und Gegenmittel	152

Literatur ... 155

Stichwortverzeichnis ... 177

Personenverzeichnis ... 181

Vorwort

Dieses Buch wendet sich an alle, die Menschen mit Folgen von Gewalterfahrungen in der Kindheit begleiten. Es ist für Psychiaterinnen und Psychiater, Psychotherapeutinnen und Psychotherapeuten und alle Angehörigen psychosozialer Berufe geschrieben[1]. Es hat zum Ziel, für dissoziative Symptome und Störungen zu sensibilisieren und sich in dissoziative Bewältigungsstrukturen einzufühlen. Es möchte Sie als Leserinnen und Leser zu einer traumasensiblen Begleitung ermutigen, um Menschen auf ihrem herausfordernden Genesungsweg zu unterstützen. Dissoziative Störungen sind häufige Traumafolgeerkrankungen nach sexueller, körperlicher, emotionaler Gewalt im Kindesalter.[2] Gleichwohl werden sie bislang oft übersehen oder fehlgedeutet und finden in der Behandlung zu wenig Beachtung.[3]

Die Grundlage für dieses Buch bildet unsere Vorlesung zum Thema »Dissoziative Störungen« auf den Lindauer Psychotherapiewochen 2010. Seither hat sich gesellschaftlich und wissenschaftlich einiges bewegt: 2010 – mit Bekanntwerden der Missbrauchsskandale an Schulen und Internaten – wurde der Öffentlichkeit stärker bewusst, dass Gewalt gegen Kinder hierzulande keine Seltenheit ist – weder in öffentlichen Einrichtungen noch in Familien. Die Bundesregierung benannte unabhängige Beauftragte (Christine Bergmann und Johannes-Wilhelm Rörig und aktuell

---

1 Wir verwenden die weibliche Geschlechterbezeichnung, da ein Großteil der Patientinnen und Therapeutinnen weiblich ist. Selbstverständlich schließen wir dabei aber jegliches Geschlecht mit ein und männliche wie auch nicht-binäre Menschen sind eingeladen, sich mitgemeint zu fühlen.
2 Vanderlin et. al. (2018); Bergmann (2011), S. 31
3 Dalenberg et al. (2020); Maercker (2021)

Kerstin Claus) und ließ zunächst den »runden Tisch«, später eine Unabhängige Aufarbeitungskommission zu diesem Thema einrichten. Es ging darum, »Bedingungen zu schaffen für eine Kultur des Hinsehens und Eingreifens«[4]. Betroffene wurden ermutigt, über den Missbrauch zu sprechen und sich damit von der Macht der Täter – versinnbildlicht durch eine übermächtige Hand, die den Mund zuhält – zu befreien (▶ Abb. 1). Der »Runde Tisch« benennt zudem, dass »sexueller Missbrauch von Kindern (nicht nur in der Gesellschaft, sondern) auch in der Wissenschaft vielfach ein Tabuthema« ist.[5]

Ein solches Tabu wurde bereits von Judith Hermann in ihrem Klassiker »Narben der Gewalt« beschrieben. Sie spricht von der zentralen Dialektik des psychischen Traumas, vom »Konflikt zwischen dem Wunsch, schreckliche Ereignisse zu verleugnen, und dem Wunsch, sie laut auszusprechen«[6]. Gesellschaft und Wissenschaft sind in diesen Konflikt verwickelt. Eine Ent-Wicklung kann nur gelingen, wenn dieser basale Konflikt und seine Auswirkungen immer wieder thematisiert werden. Denn »um dem Stigma von kindlicher Gewalterfahrung wirksam zu begegnen, muss es bekannt sein«[7]. Wir Autoren gehen davon aus, dass die Dynamik dieses Konfliktes bei dissoziativen Störungen in besonderer Weise am Werke ist. Dies gilt vor allem für die Dissoziative Identitätsstörung (DIS): Ihre bisherige Beschreibung in der ICD-10 (▶ Kapitel 1.3.) – als multiple Persönlichkeitsstörung, als selten, möglicherweise iatrogen oder kulturspezifisch – beinhaltet ein hohes Stigmatisierungspotential. Dadurch gerieten Patientinnen und Therapeutinnen in den Verdacht, einer Modediagnose aufzusitzen. Umso mehr ist zu begrüßen, dass die ICD-11 diesen Fehler korrigiert und die DIS-Diagnose der Evidenzlage entsprechend aufwertet.

Auch ist zu begrüßen, dass die *Unabhängige Kommission zur Aufarbeitung sexuellen Kindesmissbrauchs (UKASK)* Stigmatisierungen in der Wissenschaft durch spezielle Förderungen zu überwinden hilft. Ein wichtiger Arbeitsschwerpunkt ist dabei die Untersuchung organisierter – auch ideologisch begründeter – Gewaltstrukturen, denn in ca. 10 % aller An-

---

4 Abschlussbericht »Runder Tisch« (2011), S. 3
5 ebenda, S. 24, Ergänzungen in Klammern von U.G.
6 Hermann (1992/2006), S. 1/9
7 Schomerus (2013)

hörungen der Aufarbeitungskommission wurde von entsprechenden Erfahrungen berichtet.[8] Diese Befunde sind im Hinblick auf die DIS bemerkenswert, denn es waren die Schilderungen dieser Gewaltformen, die vor 40 Jahren in den USA zur Glaubwürdigkeitskrise hinsichtlich der Validität der DIS-Diagnose führte. Die Überwindung der professionellen Skepsis und Voreingenommenheit[9] gegenüber dieser Diagnose ist jedoch Voraussetzung dafür, dass Patientinnen Vertrauen schöpfen, um über ihre Symptome und ihre erlittenen Traumatisierungen zu sprechen (▶ Abb. 2).

Im vorliegenden Buch soll das gesamte Spektrum von Dissoziation dargestellt werden, doch liegt aus den oben geschilderten Gründen der Schwerpunkt auf der Beschreibung der DIS. Wir wollen damit einen Beitrag leisten, um auch in der Medizin und Psychotherapie Bedingungen für eine Kultur des Hinsehens und Eingreifens zu verbessern. Seit unserer Lindau-Vorlesung erschienen weitere wichtige Publikationen, die wir mitberücksichtigt haben: so die aktualisierten Guidelines der *International Society for the Study of Trauma and Dissociation (ISSTD)*, deren deutsche Übersetzung als Expertenempfehlungen vorliegt.[10] Ebenso das umfassende Buch zur Behandlung traumabasierter Dissoziation von Steele, Boon, und Van der Hart, das eine integrative Vorgehensweise beschreibt.[11] Auch gehen wir auf das wegweisende Konzept der strukturellen Dissoziation der Persönlichkeit bei Trauma ein, entwickelt von Van der Hart, Nijenhuis und Steele[12], und beschreiben, wie es inzwischen in der ICD-11 Berücksichtigung findet. Schließlich würdigen wir den integrativen multiaxialen Ansatz zur diagnostischen Einordnung Dissoziativer Störungen ins Gesamtspektrum psychischer und posttraumatischer Störungen nach ICD-11, wie er von Gysi systematisiert wurde.[13]

Unser Buch ist den Vorlesungseinheiten entsprechend aus fünf Kapiteln aufgebaut. Jedes kann für sich gelesen werden, zumal wir Querverweise

---

8 Nick et al. (2018; 2019); UKASK (2019)
9 Brand et al. (2016), zu »Mythen versus Fakten zur Dissoziativen Identitätsstörung« ▶ Kap. 1.4, S. 29
10 ISSTD (2011) Deutsche Bearbeitung Gast & Wirtz (2016/2022)
11 Nijenhuis & Van der Hart (2011)
12 ebenda
13 Gysi (2021)

eingebaut haben. Wir schildern in Kapitel 1, wie das Konzept der Dissoziation vom Gründungsvater Pierre Janet beschrieben wurde und sich – bei wechselhafter und bewegter Geschichte – bis heute in DSM-5 und in der ICD-11 ausdifferenziert hat. Dabei gehen wir auch auf Fehlannahmen und Mythen ein, die das Krankheitsbild der Dissoziativen Identitätsstörung umgeben. In Kapitel 2 stellen wir die Studienlage zur Entstehung, Häufigkeit und zu neurobiologischen Korrelaten dissoziativer Störungen dar. Wir veranschaulichen in Kapitel 3, wie das klinische Augenmerk auf dissoziative Störungen gelenkt werden und mehr Sicherheit in der Diagnostik und Differentialdiagnostik gewonnen werden kann. Schließlich geben wir in Kapitel 4 einen orientierenden Überblick zur Behandlung und beschreiben einen konsekutiven und integrativen Ansatz. Abschließend werden in Kapitel 5 besondere Schwierigkeiten und Fallstricke thematisiert, einschließlich der Probleme bei organisiertem Gewalthintergrund. Auch hier legen wir den Schwerpunkt auf die Dissoziative Identitätsstörung und ihre partielle Form, weil bei diesen Krankheitsbildern eine große klinische Unsicherheit– gleichzeitig aber auch ein wichtiges Potential zur weiteren Verbesserung in der psychiatrischen und psychotherapeutischen Versorgung besteht.

Wir danken allen Kolleginnen und Kollegen in der Lindau-Vorlesung, die uns mit ihren Fragen, Rückmeldungen und Diskussionsbeiträge zu diesem Buch ermutigt haben. Wir danken Professor Michael Ermann und Frau Dorothea Huber für ihre Anregung zu dieser Ausgabe und Kathrin Kastl für ihre geduldige verlegerische Betreuung. Der Liedermacherin Bettina Wegner danken wir herzlich für das Sponsoring Ihres Liedtextes »Sind so kleine Hände«.

Vor allem aber danken wir den Patientinnen und Patienten, die uns ihr Vertrauen schenken, die uns an ihrem oft schmerzlichen Genesungsprozess teilhaben lassen und uns gestatten, in Lindau und in diesem Buch darüber zu berichten.

Ursula Gast
Pascal Wabnitz

Vorwort

Abb. 1: Motiv der Kampagne »Sprechen hilft« der damaligen Unabhängigen Beauftragten zur Aufarbeitung des sexuellen Kindesmissbrauchs, Dr. Christine Bergmann. Aktuelle Informationen zum Missbrauchsbeauftragten der Bundesregierung finden Sie unter www.beauftragter-missbrauch.de (siehe auch S. 175 mit Hinweisen zum www.hilfeportal-missbrauch.de).

Abb. 2: Wie Frau P. ergeht es vielen Patientinnen mit dissoziativen Störungen: Sie können nicht spontan über ihre erlittenen Traumatisierungen sprechen, sondern »sprechen« durch die Symptome.

1 Was ist Dissoziation?

Dissoziation bedeutet im allgemeinen Sinne Trennung, Teilung, Spaltung, Zerfall – im Gegenteil von Assoziation, was Verbindung und Verknüpfung bedeutet. Dissoziation zeichnet sich dadurch aus, dass mehr oder weniger grundlegende Verbindungen und Verknüpfungen im psychischen Funktionieren unterbrochen und/oder gestört sind. Dies betrifft die »Integration von Bewusstsein, Gedächtnis, Identität, Emotionen, Wahrnehmung, Körperbild, Kontrolle motorischer Funktionen und Verhalten ... Symptome können potenziell jeden Bereich psychischen Funktionierens beeinträchtigen«.[14]

Das Spektrum dissoziativer *Phänomene* ist vielfältig und reicht von leichteren Dissoziationen im Alltagsleben über klinisch bedeutsame dissoziative *Symptome* bis hin zu schweren *dissoziativen Störungen*[15]:

- Dissoziationen können als *normalpsychologische Phänomene* prinzipiell bei jedem Menschen auftreten (z. B. Entfremdungserleben bei Erschöpfung).
- Dissoziationen können sich aber auch als wiederkehrende beeinträchtigende Symptome äußern und kommen – relativ häufig – auch als Begleitsymptome anderer psychischer Störungen vor. Eine Zusammenstellung findet sich bei Lyssenko et al.[16] (▶ Abb. 3). Traumaassoziierte Störungen weisen dabei relativ hohe Dissoziationswerte auf.

---

14 APA 2013; Falkai & Wittchen (2015), S. 397
15 nach Wöller (2020)
16 Lyssenko et al. (2018)

1 Was ist Dissoziation?

- Dissoziationen können sich zudem als klinisch manifeste *dissoziative Störungen* zeigen, die sich entsprechend der deskriptiven Klassifikationssystemen zuordnen lassen, zum Beispiel
  - als dissoziative Amnesie, als pseudo-neurologischer Ausfall einer Sinnesqualität oder Körperfunktion, als dissoziatives Anfallsgeschehen,
  - in Phänomen der Depersonalisation oder Derealisation oder
  - in der partiellen oder vollständigen Ausprägung einer Dissoziativen Identitätsstörung.
- Schließlich können dissoziative Mechanismen eine klinisch relevante *Aufspaltung der Persönlichkeitsorganisation* bewirken. Eine solche liegt in besonders ausgeprägter Form bei der Dissoziativen Identitätsstörung vor – weniger ausgeprägt bei der partiellen Form.
- Es ist jedoch zu beachten, dass eine solche Aufspaltung der *Persönlichkeitsorganisation* auch bei anderen Störungsbildern vorkommen kann – und zwar unabhängig davon, ob eine dissoziative Störung im engeren Sinne der ICD oder DSM besteht. Dies gilt insbesondere für schwere Persönlichkeitsstörungen, Essstörungen oder Abhängigkeitserkrankungen. Auch hier sind dissoziative Mechanismen dafür verantwortlich, dass – mitunter komplex ausgestaltete – Anteile der Persönlichkeit nicht ausreichend in die Gesamtpersönlichkeit integriert werden können.[17] Dissoziative Störungen wiederum können auch ohne eine aufgespaltene Persönlichkeitsorganisation vorkommen, wie z. B. bei der Amnesie, Depersonalisation/Derealisation oder bei dissoziativen pseudoneurologischen Symptomstörungen.

Die grundsätzliche diagnostische Unterscheidung, ob bei den Dissoziativen Störungen eine zusätzliche Aufspaltung der Persönlichkeitsorganisation vorliegt, ist von hoher klinischer Bedeutung, denn das Vorhandensein einer solchen Aufspaltung erfordert andere und zusätzlich therapeutische Interventionen, ohne deren Einsatz eine Therapie unzureichend bleibt.[18]

---

17 siehe Wöller 2020, S. 8
18 Brand et al. (2019)

1 Was ist Dissoziation?

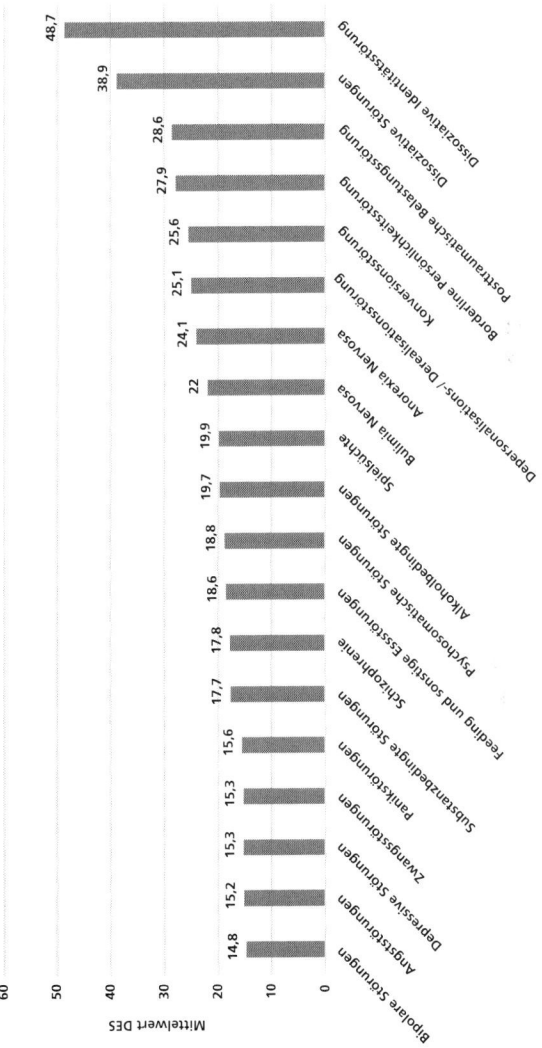

Abb. 3: Metaanalyse von Dissoziations-Mittelwerten bei verschiedenen psychischen Störungen, erhoben mit dem Dissociation Experience Scale (DES)[19]

---

19 nach Lyssenko et al. (2018)

1 Was ist Dissoziation?

Auch wenn viele Autoren auf diese Spaltung und Fragmentierung als Identitätsstörung und Persönlichkeitsorganisation hingewiesen und sie in verschiedenen Konzepten formuliert haben[20], fand eine solche Differenzierung bislang in der systematischen Diagnostik der dissoziativen Störungen zu wenig Beachtung. Sie wird aber als Neuerung ausdrücklich in der ICD-11 aufgenommen.[21] In diesem Buch soll – wie bereits im Vorwort angemerkt – vor allem auf diese Formen der dissoziativen Störungen, die mit der Aufspaltung der Persönlichkeitsorganisation einhergehen, eingegangen werden.

Terminologisch werden hier solche dissoziative Störungen, die *ohne* eine aufgespaltene Persönlichkeitsorganisation vorkommen, wie z. B. bei der Amnesie, Depersonalisation/Derealisation oder dissoziative pseudoneurologische Symptomstörungen als »einfache dissoziative Störung« bezeichnet. Diejenigen Formen der dissoziativen Störungen, die *mit* einer Aufspaltung der Persönlichkeitsorganisation einhergehen, insbesondere die Dissoziative Identitätsstörung in partieller oder vollständiger Ausprägung, werden hier als komplexe dissoziative Störungen bezeichnet.[22]

Dissoziative Störungen treten häufig in der Nachwirkung traumatischer Erlebnisse auf. Viele der Symptome, einschließlich Gefühle der Beschämung und Verwirrtheit über das Auftreten der Symptome oder dem Wunsch, sie zu verbergen, werden durch die Nähe zum Trauma beeinflusst.[23] Schwere, frühe und wiederholte traumatische Bedrohung kann, wie oben beschrieben, eine Dissoziation der Persönlichkeitsorganisation und der zugrundeliegenden biologischen Systeme hervorrufen.[24] Die Persönlichkeit eines Menschen setzt sich nämlich aus verschiedenen emotionalen Systemen zusammen, wie dies sehr anschaulich in dem Animationsfilm »Alles steht Kopf« beschrieben wird. In der Regel gelingt im Laufe der kindlichen Entwicklung eine ausreichende Integration dieser Systeme,

---

20 Huber (1995); Nijehuis (2015); Dell (2009); siehe auch Wöller (2020)
21 Gysi (2021), S. 102
22 in Anlehnung an Dell (2001; 2006a,b)
23 APA 2013; Falkai & Wittchen (2015), S. 397.
24 Van der Haart, Nijenhuis & Steele (2006/2008)

sie kann jedoch – angesichts schwerer Belastungen, insbesondere in Form von Gewalt – auch scheitern oder wieder zerbrechen. Unter Einbeziehung sowohl traditioneller Dissoziationskonzepte als auch moderner Emotions- und Motivationsforschung formulieren van der Hart et al.[16] und Nijenhuis et al.[17] das Konzept der strukturellen Dissoziation (▶ Kap. 1.6.2):

1.1 Strukturelle Dissoziation der Persönlichkeit bei Trauma

Die Dissoziation der Persönlichkeit erfolgt dabei nicht willkürlich und zufällig, sondern an biologisch strukturell vorgegebenen Sollbruchstellen – diese sind im Kindesalter sehr viel sensibler als im Erwachsenenalter.[25] Deshalb führen traumatische Erfahrungen in der Kindheit auch zu sehr viel komplexeren und tiefer greifenden Aufspaltungen als im Erwachsenenalter. Die Sollbruchstellen in der Persönlichkeit der Menschen befinden sich als eine Art Spalten zwischen den verschiedenen biologisch verankerten Systemen, die der Bedürfnisbefriedigung oder Überlebenssicherung dienen. Bei günstigen Lebensbedingungen verbinden und vernetzen sich im Laufe der Entwicklung die verschiedenen Systeme und Subsysteme miteinander – eine wichtige Voraussetzung für ein subjektives Gefühl von Einheitlichkeit oder Konsistenz im Identitätserleben. Belastende oder traumatische Lebensereignisse, insbesondere in der Kindheit, können diese Vernetzung behindern oder unmöglich machen. So können sich verschiedene abgespaltene Subsysteme der Persönlichkeit autonom entwickeln und eine Art Eigenleben führen, die dem Alltagsbewusstsein nicht ausreichend zugänglich sind. Zudem können bereits geknüpfte Vernetzungen zwischen den Systemen durch traumatische Ereignisse im Erwachsenenalter wieder zerreißen. Auch hier entstehen dann Aufteilungen der Persönlichkeit, die dann allerdings weniger tiefgreifend vonein-

---

25 Van der Hart, Nijenhuis & Steele (2006/2008)

ander getrennt sind. Charakteristisch ist bei diesen Aufteilungen, dass jeder Anteil der Persönlichkeit eine eigene, vom anderen Anteil unterschiedliche Ich-Perspektive besitzt. Diese kann nur rudimentär, aber auch sehr differenziert ausgestaltet vorliegen. Letzteres ist insbesondere bei den durch frühe Traumatisierungen im Kindesalter erzeugten Aufspaltungen der Fall.

Phänomenologisch zeigt sich die Aufteilung der Persönlichkeit in dissoziativen Symptomen, die als negativ (Funktionsverluste wie Amnesie oder Paralyse) oder positiv (Intrusionen wie Flashbacks oder Stimmenhören), als psychoform (Symptome wie Amnesie oder Stimmenhören) oder somatoform (Symptome wie Anästhesie oder Ticks) kategorisiert werden können.[26]

1.1.1 Dissoziationskonzept im Wandel: Von den Gründungsvätern bis heute

Die Tatsache, dass Menschen eine gespaltene Persönlichkeit aufweisen können, hat man zunächst an solchen Fällen entdeckt, die sehr spektakuläre Dissoziationen aufwiesen. Die damaligen Fallbeschreibungen von extremer Dissoziation waren Sigmund Freud[27] und Piere Janet[28] gleichermaßen bekannt.[29] Sie flossen in deren Theorien mit ein, wenn auch mit sehr unterschiedlichen Schlussfolgerungen. Während Janet mit Dissoziation eine Struktur bzw. Organisationsform der Persönlichkeit beschreibt, interpretiert Freud Dissoziation als Abwehr.[30] Durch den Aufschwung der Psychoanalyse sowie des Konzepts der Schizophrenie (Bleuler)[31] geriet die Theorie der Dissoziation zunächst in Vergessenheit.[32] Erst mit dem Erstarken der Psychotraumatologie in den 70er Jahren kam es in der Psychiatrie zu einer Neubesinnung auf die Dissoziationsforschung von

---

26 Nijenhuis & van der Hart (2011)
27 Freud (1912; 1975)
28 Janet (1989)
29 Van der Hart, Nijenhuis & Steele (2008), S. 26 f
30 Herman (2006), Kapitel 1
31 Bleuler (1927)
32 Putnam (2006)

Janet. 1980 wurden die dissoziativen Störungen in das DSM-III[33] aufgenommen und entwickelten sich seither zu einem wichtigen Thema in der Psychiatrie, Psychologie und Psychotherapie. Allerdings haben sich die Definitionen in den Manualen von der ursprünglichen Idee Janets, dass mit Dissoziation die Spaltung der Persönlichkeit gemeint ist, entfernt, was zu einer zunehmenden definitorischen Unschärfe führte.[34]

Die Arbeitsgruppe um Nijenhuis, Van der Hart und Steele[35] bringt mit dem Wiederanknüpfen an Janet hierüber neue Orientierung. Unter Einbeziehung aktueller Erkenntnisse zu Persönlichkeit und Bewusstsein entwickeln sie das Modell der Strukturellen Dissoziation, so wie wir es oben bereits vereinfacht skizziert haben. Sie formulieren zudem eine neue, umfassende Definition, wobei die Dissoziation der Persönlichkeit das zentrale Kernmerkmal eines Traumas darstellt. Vor dieser Matrix bieten sie eine Neuordnung traumabezogener Diagnosen an (▶ Kap. 1.5), die sich an der Komplexität der Aufspaltung orientiert. Das Konzept der Strukturellen Dissoziation rundet die Wiederentdeckung des Dissoziationskonzeptes insofern ab, als es den Bogen zu den Gründungsvätern spannt und ihre Theorien mit den neuen Erkenntnissen der Hirnforschung untermauert. Diesen Bogen – von der Entdeckung der Aufspaltung der Persönlichkeit von den Pionieren der Dissoziationsforschung zur Wiederentdeckung ihres Konzeptes, bei der die konzeptionelle Klarheit zunächst verloren ging und sich nun neu herausschält, – wollen wir in diesem und dem folgenden Kapitel nachzeichnen. Wir beginnen mit einem geschichtlichen Rückblick.

1.1.2 Multiple Persönlichkeit – ein traditionelles psychiatrisches Krankheitsbild

Erste Fallbeschreibungen von Dissoziation der Persönlichkeit reichen bis in Zeit der Aufklärung zurück, als sich die Psychiatrie als Wissenschaft

---

33 American Psychiatric Association (1980)
34 Van der Hart, Nijenhuis, Steele & Brown (2004)
35 Nijenhuis, Van der Hart & Steele (2003); Van der Hart, Nijenhuis & Steele (2006)

etablierte. Dissoziative Phänomene und Veränderung von Persönlichkeit durch Trance und Besessenheit lassen sich allerdings bis in die primitiven Heilkünste der Schamanen zurückverfolgen. Sie wurden mit dem Konzept der dämonischen Besessenheit erklärt, das über viele Jahrhunderte das westliche Denken dominierte. Mit dem Entstehen der Psychiatrie als Wissenschaft wurde »Besessenheit« jedoch nicht mehr als Erklärung für störendes oder auffälliges Verhalten akzeptiert – gleichzeitig wurden die ersten Fälle Multipler Persönlichkeit diagnostiziert.[36] Eine Falldarstellung über eine »ausgetauschte Persönlichkeit« wurde 1791 von Gmelin in Tübingen publiziert, in der er eine 20-jährige Frau beschrieb, die plötzlich wie ausgewechselt in ihrem Persönlichkeitsverhalten wirkte, perfekt französisch sprach und wie eine Aristokratin auftrat. Als »deutsche Persönlichkeit« war sie amnestisch für das, was sie in ihrem »französischen Zustand« erlebt hatte. Weitere frühe Beispiele sind die Falldarstellungen über Mary Reynolds[37] sowie die detailreiche Beschreibung über die Behandlung von Estelle,[38] einem 11-jährigen Schweizer Mädchen, das verschiedene Ich-Zustände aufwies.

1.1.3 Janet und seine Zeitgenossen

Auch der französischen Psychiater Pierre Janet (1859–1947) berichtete über verschiedene Fälle von dissoziierter Persönlichkeit, mit denen er zum Teil intensiv therapeutisch arbeitete.[39] Er beobachtete bei seinen Patientinnen und Patienten, dass sich bestimmte umschriebene Verhaltensweisen oder Erinnerungen durch psychisch sehr belastende und traumatische Lebenssituationen ihrer bewussten Kontrolle entzogen und als »fixe Ideen« eine Art Eigenleben führten. Er beschrieb einen automatisch ablaufenden Prozess der Abtrennung und dem »Nebeneinanderher« existieren von Bewusstseinsinhalten.[40] Der Begriff »Dissoziation« wurde dabei ursprünglich als Bezeichnung für eine Spaltung der Persönlichkeit oder des Be-

---

36 Ellenberger (1996)
37 Plumer (1860)
38 Despines (1840)
39 Janet (1889)
40 ebenda

wusstseins verwendet.⁴¹ Janet erklärte zudem, eine Dissoziation beinhalte eine Spaltung zwischen »Systemen von Ideen und Funktionen, welche die Persönlichkeit ausmachen«.⁴² Die Persönlichkeit beschreibt er dabei als eine Struktur, die aus verschiedenen Systemen besteht. Morton Prince legte das Konzept von Janet seinen Untersuchungen über dissoziative Persönlichkeit zu Grunde und führte im Rahmen seiner Fallschilderung den Begriff der multiplen bzw. alternierenden Persönlichkeit sowie die Bezeichnung »Co-Bewusstsein« ein.⁴³

Kasten 1: Christine Beauchamp, Dissoziation einer Persönlichkeit

Von den umfangreichen kasuistischen Darstellungen dieser Zeit erlangte der Fall der C. Beauchamp den größten Bekanntheitsgrad. Sie wurde von dem amerikanischen Psychiater Morton Prince behandelt. Christine Beauchamp klagte über Schwäche, Kopfschmerzen und »Willenshemmung«, und Prince diagnostizierte eine extreme Form der Neurasthenie, also ein psychisch bedingtes Erschöpfungssyndrom. Im Verlauf der Therapie, als Prince versuchte, die hartnäckigen Symptome mit Hypnose zu lindern, nahm der Fall jedoch einen überraschenden Verlauf: Normalerweise wirkte die Patientin sowohl im wachen Zustand als auch unter Hypnose bedrückt, deprimiert, ohne Energie und zeigte zurückhaltende, übergewissenhafte und ängstliche Persönlichkeitszüge. Eines Tages veränderte sich unter der Hypnose ihr psychischer Zustand völlig unvermittelt: Für einen umschriebenen Zeitraum zeigte sich die Patientin viel jünger, außerdem lebhaft, keck und sehr impulsiv. In diesem neuen Zustand bestand sie darauf, eine völlig andere Person zu sein als die zurückhaltende, die zuvor da gewesen sei und mit der sie sich einen Körper teile. Sie bezeichnete sich selbst als »Sally« und grenzte sich von dem anderen Zustand ab, indem sie von diesem nur in der dritten Person als »sie« sprach. Im späteren Therapieverlauf trat noch ein weiterer Persönlichkeitszustand auf, der wiederum neue

---

41 Janet (1887/2005)
42 Janet (1907), S. 332, zit. nach Van der Hart et al. (2008), S. 17
43 Prince (1906)

Charaktereigenschaften aufwies und sich launisch, ehrgeizig und selbstbezogen zeigte. Prince nannte diesen Zustand »die Frau« oder »die Realistin«, während »Sally« diesen ungerührt »die Idiotin« nannte. Die Beschreibung der inneren Kämpfe, Konflikte und Verwirrungen, die sich aus dem dramatischen Auftauchen und Verschwinden der drei verschiedenen Persönlichkeitszustände ergaben, wurden von Prince ausführlich beschrieben. Die Patientin wurde schließlich als geheilt angesehen. Sie wurde später als Mrs. Clara Norton Fauler identifiziert, die einen Assistenten von Prince heiratete.

Die Behandlung der Patientin Christine Beauchamp bildete die Grundlage einer ersten umfassenden Studie über die »Dissoziation einer Persönlichkeit: Eine biographische Studie zur abnormen Psychologie«, die 1905[44] erschien. Die Vorstellung Janets von Dissoziation als Aufspaltung der Persönlichkeit entlang vorgegebener Systeme wurde von Charles Myers weiter herausgearbeitet: Basierend auf seinen Beobachtungen an akut traumatisierten Soldaten im Ersten Weltkrieg nahm er an, dass sich durch das Trauma eine Dissoziation der Persönlichkeit in zwei Teile vollzieht, die er als »apparently normal personality« und als »emotional personality« bezeichnete, ein Begriff, der später im Modell der Strukturellen Dissoziation aufgegriffen wird.[45] Um die Wende zum 20. Jahrhundert waren die Themen Dissoziation und Multiple Persönlichkeit zu den von Psychiatern und Philosophen am häufigsten diskutierten Interessensgebieten herangewachsen. Es wurden ausführliche Fallbeispiele publiziert, verschiedenste experimentelle Untersuchungen an Patientinnen mit dissoziativen Störungen durchgeführt und erste Klassifikationen und Theorienbildungen entworfen.[46]

---

44 Prince (1905)
45 Myers (1940)
46 Ellenberger (1996)

1.1.4 Freud und Breuer

Mit dem Konzept der Dissoziation wurde Janet zum wissenschaftlichen Konkurrenten und Gegenspieler von Sigmund Freud, der an seinen hysterischen Patientinnen ähnliche Symptome beobachtete. Auch Freud vermutete zunächst traumatische Erfahrungen, insbesondere innerfamiliären sexuellen Missbrauch, von dem ihm die Patientinnen berichteten, als Ursache der beschriebenen Symptome. In Ermangelung eines gesellschaftlichen Resonanzbodens für seine Thesen distanzierte er sich bekanntlich später davon und stufte die Mitteilungen über sexuellen Missbrauch als Fantasien der Patientinnen ein. Seine – weniger anstößige – Theorie der Verdrängung ebnete ihm den Siegeszug der Psychoanalyse. Gleichwohl kannte Freud die damals publizierten Fälle von Multipler Persönlichkeit, lehnte die Theorie der Dissoziation, insbesondere die eines geteilten Bewusstseins jedoch ab:

»Die Fälle, die man als Teilung des Bewusstseins beschreibt, ... können besser als wanderndes Bewusstsein angesehen werden, wobei diese Funktion – oder was immer es sein mag – zwischen zwei verschiedenen psychischen Komplexen hin- und herschwankt, die abwechselnd bewusst und unbewusst werden«.[47]

Zudem war ihm der Fall der Anna O. seines befreundeten Kollegen Joseph Breuer gut vertraut.[48]

Kasten 2: Anna O. alias Berta Papenheim

Anna O. erkrankte in Wien in einer Situation, als sie die Pflege ihres todkranken Vaters übernahm. Sie litt unter starken Stimmungsschwankungen, Kopfschmerzen, Sehstörungen, optischen Halluzinationen in Form von Schlangen sowie unter Lähmungserscheinungen. Nach und nach stellten sich weitere Symptome ein: Es zeigten sich »zwei ganz getrennte Bewusstseinszustände, die sehr oft und unvermittelt abwechselten und sich im Laufe der Krankheit immer schärfer schieden. In dem einen kannte sie ihre Umgebung, war traurig und

---

47 Freud (1912/1975), S. 32, siehe auch Gast in Nolte & Rugenstein (2022)
48 Breuer (1895/1987); Brentzel (2002)

1 Was ist Dissoziation?

ängstlich, aber relativ normal. Im andern halluzinierte sie, war »ungezogen«, d. h. schimpfte, warf Kissen ...«[49].

Abb. 4: Anna O. alias Bertha Papenheim, 1882

Zudem klagte die Patientin, »ihr fehle Zeit« sowie über eine »tiefe Finsternis ihres Kopfes, wie sie nicht denken könne, blind und taub werde, zwei Ichs habe, ihr wirkliches und ein schlechtes, was sie zu Schlimmem zwinge ...«[50] Anna war amnestisch für die Perioden des aggressiven, »krankhaften Zustandes«. Außerdem beschrieb die Patientin noch einen dritten Bewusstseinszustand. »Es saß, wie die Patientin

---

49 Breuer (1895/1987), S. 22
50 ebenda, S. 23

sich ausdrückte, mindestens häufig auch bei ganz schlimmen Zuständen in irgendeinem Winkel ihres Gehirns, ein scharfer und ruhiger Beobachter, der sich das tolle Zeug ansah.«[51] Zeitweilig war die Patientin mit 22 Jahren bettlägerig und litt an Ängsten, Depressionen, Absencen, Sprachstörungen, Schlafstörungen und Paresen der Nackenmuskulatur, so dass sie den Kopf nicht heben konnte.

Josef Breuer behandelte sie mit einer Mischung aus »Rede-Kur« und Hypnose, die regelmäßig vorübergehende Erleichterungen brachte, jedoch keine nachhaltige Besserung. 1881 verschlimmerte sich der Zustand erneut dramatisch. Anna unternahm mehrere Suizidversuche, und man kam in der Familie der Patientin überein, sie gegen ihren Willen in ein Sanatorium zu bringen. Quälende Gesichtsschmerzen, eine Operation am Oberkiefer und Schüttelkrämpfe veranlassten die Ärzte dazu, ihr hohe Dosen Morphium zu injizieren. Erst nach monatelangen Aufenthalten in verschiedenen Sanatorien konnte Anna entlassen werden.[52]

1953 enthüllte der Freud-Biograph Ernest Jones die Identität von Anna O.: Es handelt sich um Berta Papenheim (1859–1936), bedeutende Sozialpionierin und Gründerin des jüdischen Frauenbundes. Sie selbst bewahrte lebenslang ihr Geheimnis, dass sie die Patientin war, die Freud und Breuer maßgeblich zur Entwicklung der Psychoanalyse anregte. Es ist nicht bekannt, ob sie in ihrer Kindheit Traumatisierung ausgesetzt war. Es ist jedoch belegt, dass sie sich in ungewöhnlicher Weise gegen sexuelle Ausbeutung eingesetzt hat: Nach mehrjähriger psychischer und psychosomatischer Krankheit stabilisierte sich ihr Gesundheitszustand, und sie baute später ein bedeutendes und vielschichtiges Lebenswerk auf: Zwölf Jahre lang leitete sie ein jüdisches Waisenheim in Frankfurt. Sie unternahm Reisen in die Balkanländer, in den Nahen Osten und nach Russland. Sie informierte sich über Prostitution und Mädchenhandel und setzte sich mit hohem Engagement für deren Bekämpfung ein. 1904 gründete sie den jüdischen Frauenbund und 1907 mehrere Heime für junge Prostituierte. Zudem verfasste

---

51 ebenda, S. 39
52 ebenda

sie eine Reihe von Märchen, Novellen und theoretischen Schriften zur Frauenfrage. Sie verstarb 1936 und wurde in Frankfurt beigesetzt. Als Sozialpionierin, Feministin und Autorin gehört sie zu einer der stärksten Persönlichkeiten des deutschen Judentums.[53] Die Regierung der Bundesrepublik ehrte sie 1954 durch eine Briefmarke mit ihrem Portrait.

Das Fallbeispiel der Anna O. wird oft als Schlüsselbeispiel zur Theorieentwicklung der Psychoanalyse angesehen, doch mit den Symptomen veränderter Bewusstseinszustände unterscheidet sich der Fall deutlich von anderen, die Freud und Breuer[54] in ihren Studien zur Hysterie beschreiben. Sie ordnen die Symptome der Hysterie zu, doch würde ein Vergleich mit den Diagnosekriterien des DSM[55] zu einem anderen Ergebnis kommen: Es finden sich zwei oder mehr unterscheidbare Identitäten oder Persönlichkeitszustände, mindestens zwei dieser Identitäten oder Persönlichkeitszustände übernehmen wiederholt die Kontrolle über das Verhalten der Person, verbunden mit schwerer Amnesie. Genau dies – so zeigt es Loewenstein 1994 auf – sind die DSM-IV-Kriterien (und auch DSM-5 und ICD-11-Kriterien) für die Diagnose einer Dissoziativen Identitätsstörung.[56] Mit der damaligen Theoriebildung der Hysterie und Verdrängung von Breuer und Freud wird gleichzeitig eine Entwicklung eingeleitet, bei der das ebenso bedeutsame Modell der Dissoziation dem wissenschaftlichen und gesellschaftlichen Vergessen oder Verdrängen anheimfiel.[57] Die Symptome von Anna O. werden zum Dreh- und Angelpunkt zweier konkurrierender oder – wie wir heute wissen – sich ergänzender Modelle der Verdrängung und Dissoziation.

---

53 Brentzel 2002
54 Freud & Breuer (1895; 1987)
55 American Psychological Association (1994, 2013)
56 Loewenstein (1994)
57 Hermann (2006)

1.1.5 Höhepunkt und Wende

Neben der Psychoanalyse waren es vor allem die Arbeiten von Bleuler (der den Begriff Schizophrenie geprägt hatte[58]), die den psychiatrischen und psychotherapeutischen Mainstream beherrschten. Mit dem Aufschwung der Psychoanalyse entstand gleichzeitig eine Welle der Gegenreaktion gegenüber dem Konstrukt der dissoziierten oder Multiplen Persönlichkeit. Dissoziationsforscher sahen sich dem Vorwurf ausgesetzt, sie hätten sich von ihren Patientinnen täuschen lassen und unwillkürlich selbst, also iatrogen, die psychische Manifestation geformt, die sie beobachteten. Diese Kritik fand 1942 ihren Höhepunkt durch einen Beitrag von Harrimann zum »Experimentellen Erzeugen von einigen mit der Multiplen Persönlichkeit einhergehenden Phänomenen«.[59] Der im ironischen Duktus geschriebene Artikel enthielt eine Art Gebrauchsanweisung zum Hervorbringen von »Persönlichkeiten« durch Hypnose. Auch die beiden Übersichtsartikel von Taylor und Martin (1944) sowie von Sutcliff und Jones (1962) brachten das skeptische Klima hinsichtlich der Erkrankung in dieser Periode zum Ausdruck. Obwohl beide Artikel die Multiple Persönlichkeit als klinische Entität unmissverständlich anerkannten und die bis zu der Zeit insgesamt 76 publizierten Fälle würdigten, waren sie doch von einer skeptischen Grundhaltung gegenüber dem Konzept geprägt, die viele spätere Autoren übernahmen, um ihre Glaubwürdigkeit nicht aufs Spiel zu setzen. So beschäftigten sich die meisten nachfolgenden Artikel mehr mit der Frage, ob es die Multiple Persönlichkeit wirklich gibt, als dass sie neue klinische Aspekte hervorbringen. Damit – so Putnam – gerieten Vertreter einer der ältesten beschriebenen psychiatrischen Erkrankungen unter einen Rechtfertigungsdruck, der bis heute anhält.[60]

---

58 Bleuler (1911/1950)
59 Harrimann (1942)
60 Putnam (1989/2003/2013)

1.2 Wiederentdeckung des Dissoziationskonzeptes

Es bedurfte erst verschiedener gesellschaftlicher Strömungen, um die Öffentlichkeit für die gesundheitlichen Folgen von politischer, aber auch von familiärer und sexueller Gewalt zu sensibilisieren. Durch die Bürgerrechts- und die Frauenbewegung wurde in den 70er Jahren der Weg für neue wissenschaftliche Erkenntnisse auf dem Gebiet der Psychotraumatologie geebnet.[61] Über das Syndrom der Multiplen Persönlichkeit wurde die Öffentlichkeit zudem durch die Fallgeschichte von Sybil informiert.[62]

Kasten 3: Sybil

Sybil gilt als erste populäre Falldarstellung der neueren Zeit. Die Therapeutin C. Wilbur hatte Sibyl in einer langen Psychoanalyse – unterstützt durch Hypnose und andere therapeutische Interventionen – behandelt. Die Publikation des Falles wurde von medizinischen Journalen abgelehnt und erfolgte schließlich in populärwissenschaftlicher Romanform. Die Darstellung kann bis heute als anschauliche Lektüre zum Verständnis des Krankheitserlebens von betroffenen Patientinnen angesehen werden. Ihre Geschichte wurde zweimal (1976 und 2007) in den USA für das Fernsehen verfilmt. Der richtige Name dieser Patientin – Shirley A. Mason – wurde später bekanntgegeben. Es gibt immer wieder Diskussionen darüber, ob Sybil möglicherweise gar nicht wirklich »multipel« war, so z. B. im SPIEGEL-Artikel »Floras Erzählungen«[63] oder in der Süddeutschen Zeitung »Multiple Persönlichkeiten – Bin ich viele?«[64]. Die Vermutung eines »Fakes« stützt sich auf Dokumente, die nach dem Tod der Patientin gefunden wurden, in denen sie angibt, alles nur vorgespielt zu haben. Solche Behauptungen kommen allerdings

---

61 Herman (1992)
62 Schreiber (1974/1977)
63 DER SPIEGEL am 26.10.1998
64 B. Uhlmann, Süddeutsche Zeitung am 07.01.2012

häufig bei validen Diagnosen vor, zumal Patientinnen der Diagnose oft hoch ambivalent gegenüberstehen und ein Fehlen der Ambivalenz eher ein Warnhinweis für Fehldiagnosen darstellt.[65]

Abb. 5: Die Geschichte von Shirley A. Mason wird im Roman »Sybil« von Flora Retha Schreiber dargestellt.

1.2.1 Konsolidierung – und ihre Folgen

Vor dem skizzierten gesellschaftlichen Hintergrund arbeitete eine Pioniergruppe von Klinikern, unter ihnen C. Wilbur und R. Kluft, an der Reetablierung des Dissoziationskonzeptes und an der Akzeptanz der Multiplen Persönlichkeit als offizielle klinische Diagnose, die schließlich 1980 mit der Aufnahme ins DSM erfolgte.[66] Diese formale Anerkennung

---

65 Pietkiewicz et al (2021); siehe auch Kap. 4.3.3
66 American Psychiatric Association (1980)

war die Grundlage für viele internationale epidemiologische und ätiologische Studien und führte zu einer neuen wissenschaftlichen Blütezeit. Viele Studien auf dem Gebiet der Dissoziation wurden vom National Institut of Mental Health (NIMH) der USA gefördert.[67] Auch kam es 1983 zur Gründung einer Fachgesellschaft, die sich heute »International Society for the Study of Trauma and Dissociation« (ISSTD) nennt und ein eigenes »Journal of Trauma & Dissociation« herausgibt.[68] Die meisten Forschungsaktivitäten lagen zunächst in Nordamerika, doch ist auch in Europa mit einer Verzögerung von fast 20 Jahren eine zunehmende Rückbesinnung auf das wissenschaftliche Erbe Janets zu verzeichnen. Diese findet nicht zuletzt in der Gründung der European Society for Trauma and Dissociation[69] (Amsterdam, 2006) ihren Niederschlag. In Deutschland gründete sich bereits 1998 ein Abzweig der ISSTD, der als Deutsche Gesellschaft für Trauma und Dissoziation[70] (DGTD) jährliche Jahrestagungen durchführt.

Mit der beschriebenen Konsolidierung – so van der Hart und Dorahy[71] – waren jedoch auch folgenreiche Unzulänglichkeiten verbunden: Historisch waren somatoforme und dissoziative Störungen durch das Konzept der Hysterie bzw. der Konversionsneurose vereint. Das DSM-III ordnete jedoch somatoforme und dissoziative Störungen verschiedenen Kategorien zu – eine Entscheidung, die seither kritisch diskutiert wurde,[72] aber bis heute Gültigkeit hat. Die ICD-9[73] dagegen konzeptualisierte die Störungen weiterhin als gemeinsamen Wurzeln entspringend. Dies gilt auch für die ICD-10[74], welche die dissoziative Bewegungsstörung sowie die Sensibilitäts-und Empfindungsstörungen mit umfasst, allerdings den analytischen Begriff der Konversionsstörung synonym für Dissoziation beibehält. Nijenhuis betont in diesem Zusammenhang den Begriff der somatoformen

---

67 Michelson & Ray (1996), Vorwort
68 International Society for the Study of Trauma and Dissociation (ISSTD); www.isstd.org
69 European Society for Trauma and Dissociation (ESTD); www.estd.org
70 Deutsche Gesellschaft für Trauma und Dissoziation (DGTD); www.degtd.de
71 Van der Hart, Martin & Dorahy (2009)
72 Brown, Cardena, Nijenhuis, Sar & Van der Hart (2007)
73 World Health Organization (1975)
74 World Health Organization (1992)

Dissoziation.[75] In die ICD-11 wird schließlich der Konversion der Begriff der dissoziativ-neurologischen Symptomstörungen aufgenommen. Zum anderen wurde mit der offiziellen Aufnahme im DSM stärker auf die beobachtbaren Phänomene fokussiert und weniger – wie zunächst bei den Gründungsvätern – auf die vermutete zugrunde liegende Struktur oder Organisationsweise der Psyche bzw. der Persönlichkeit. Dies führte tendenziell zu einer breiten und unklaren Auslegung vom Begriff »Dissoziation« und dem Konzept der Dissoziation als Kontinuum.[76]

Bis heute stellen DSM und ICD keine klaren Definitionen zur Verfügung, sondern eher allgemeine Beschreibungen. DSM spricht von wesentlichen Merkmalen (»essential features«), ICD-11 von allgemeinen Charakteristika (»characterised by«). Es gibt insofern Übereinstimmung in den Beschreibungen, dass es bei Dissoziation um einen Verlust an Integration geht (ICD-11) oder integrierende Funktionen unterbrochen sind (DSM-IV) und dass hiervon das Gedächtnis, die Erinnerung, die Wahrnehmung und die Identität betroffen sind (in der ICD-11 wird zusätzlich die Kontrolle der Körperbewegungen erwähnt).

Führte also die Aufnahme in den offiziellen Manualen und die damit verbundene Anerkennung zunächst zu fruchtbarer Forschungsaktivitäten, erweisen sich später die Versäumnisse (Ausschluss somatoformer Dissoziation im DSM sowie mangelnde konzeptionelle Klarheit, fehlende Definition in DSM und ICD) als Hindernis.[77] In Kombination mit abstrakten Diagnosekriterien bot dies Angriffsfläche für eine polarisierende Diskussion um die DIS.[78] Verschiedene Autoren schlugen zur Überwindung der Mängel eine neue Konzeptualisierung der dissoziativen Störungen vor. Diese Vorschläge finden in der ICD-11 weichenstellende Beachtung, da die WHO (2019) erstmals das Konzept der Aufspaltung der Identität in zwei oder mehr unterschiedliche Persönlichkeitszustände offiziell einführt (▶ Kap. 1.8.).

---

75 Nijenhuis (1999)
76 Van der Hart, Martin & Dorahy (2009)
77 Van Der Hart, Nijenhuis, Steele & Brown (2004)
78 Dell (2001)

1.3 Rückschläge und »False memory«

Wie unter Kapitel 1.2.2 beschrieben, führte die offizielle Anerkennung der dissoziativen Störungen in den psychiatrischen Manualen zunächst zu einem Forschungsboom vor allem in Nordamerika und zur wichtigen Erweiterung der diagnostischen und therapeutischen Möglichkeiten für Patientinnen mit dissoziativen Störungen. Trotz dieser Erfolge war seit Beginn der Aktivitäten eine wissenschaftliche Polarisierung zu beobachten, die sich vor allem um die Konzeptualisierung der Dissoziativen Identitätsstörung entzündete. Kritiker stellten sowohl die Validität der Diagnose als auch die Trauma-Ätiologie der Erkrankung in Frage.[79] Stattdessen wurden kulturelle und suggestive Einflüsse durch Medien oder – wie bereits schon 40 Jahre zuvor – iatrogene Artefakte durch unsachgemäße Psychotherapie vermutet. Sowohl die Phänomenologie der wechselnden Anteile der Persönlichkeit als auch die Erinnerungen an schwere Traumatisierungen in der Kindheit sind danach die Ergebnisse von suggestiven Therapietechniken, insbesondere von unsachgemäß durchgeführter Hypnose.[80] Diese vermuteten soziokognitiven, iatrogenen oder fantasiebegründeten Modelle lassen sich jedoch empirisch nicht belegen (siehe hierzu die Übersicht von Cardena und Gleaves[81], Loewenstein[82] sowie die sehr gründliche Studienzusammenstellung von Dalenberg et al.[83], Brand et al.[84]). Dennoch wurde von der WHO die Argumentation der Skeptiker aufgegriffen und die Multiple Persönlichkeitsstörung in der ICD-10 folgendermaßen kommentiert: »Diese Störung ist selten, und es wird kontrovers diskutiert, in welchem Ausmaß sie iatrogen oder kulturspezifisch ist«[85]. Die APA dagegen benennt im DSM-IV (und auch im DSM-5) das relativ häufige Vorkommen der Erkrankung sowie die hohen

---

79 Hacking (1996)
80 Lilienfeld et al. (1999)
81 Cardena & Gleaves (2007)
82 Loewenstein (2018)
83 Dalenberg et al. (2012)
84 Brand et al. (2016)
85 Dilling, Mombour & Schmidt (2011), S. 182

Prävalenzangaben von schweren Traumatisierungen in der Kindheit.[86] In Folge davon entstand – insbesondere im Zusammenhang mit dissoziativer Amnesie und wiedererlangten Erinnerungen an traumatische Erfahrungen – eine heftige Debatte über deren Wahrheitsgehalt. Sie eskalierte, als Patientinnen mit DIS über schwere und extrem sadistische Misshandlungen durch satanistische Gruppen berichteten. Dies, so Brown, Shefflin und Hammond, müsste unweigerlich zu einer Glaubwürdigkeitskrise führen. Es folgte ein Boom der Erinnerungsforschung, insbesondere zum autobiographischen Gedächtnis.[87]

1.3.1 Die Entwicklung in den USA

Zeitweilig überwogen in dieser inhaltlich notwendigen Debatte über die Erinnerungsforschung nicht die wissenschaftlichen Argumente zur Verbesserung der medizinischen Versorgung der Patientinnen, sondern rechtliche Auseinandersetzungen mit horrenden Schadensersatzforderungen an Therapeuten, deren ehemalige Patientinnen sich von ihnen hinsichtlich ihrer Erinnerungen an sexuelle Traumatisierungen manipuliert und falsch behandelt fühlten.[88] Eine schwierige Rolle spielt dabei die 1992 gegründete False Memory Syndrom Foundation (FMSF), eine Interessensgemeinschaft von Personen, die angeben, fälschlicherweise des sexuellen Missbrauchs beschuldigt zu werden. Sie betrieb in Verbindung mit wissenschaftlichen Beratern eine intensive Lobbyarbeit und vertrat u. a. die These, dass unter Therapie häufig falsche Erinnerungen auftreten würden (»False-Memory-Syndrom«) und dass Kindesmissbrauch nicht vergessen und verdrängt werden könne. In dem Zusammenhang kam es in den USA – meist mit dem Argument von fehlender Berücksichtigung von Pseudoerinnerungen – zu einer Reihe gerichtlicher Auseinandersetzungen. Insbesondere wurden Therapeuten von Patientinnen angezeigt, die ihre früheren Angaben über sexuellen Missbrauch oder über dissoziative Symptome widerriefen und von den Therapeuten wegen Fehlbehandlun-

---

86 American Psychiatric Association (2000/2013)
87 Brown, Sheflin & Hammond (1998), S. 10
88 Chu & Bowman (2000)

gen nun horrenden Schadensersatz forderten, begründet mit Widergutmachungsansprüchen wegen verlorengegangener Arbeitsfähigkeit. Insgesamt kam es zu ca. 200 Gerichtsverfahren von sogenannten Widerrufern (retractors) gegen ihre ehemaligen Therapeuten.[89] Viele Therapeuten lehnten aus Verunsicherung vor solchen Anschuldigen die Behandlung von traumatisierten Patientinnen ab.

In der Folge der False-memory-Debatte wurden von verschiedenen Fachgesellschaften die Ergebnisse der Gedächtnisforschung über (traumatische) Erinnerungen zusammengefasst und zu dem Phänomen der »falschen« und »wiedererlangten« Erinnerungen (»false memory« und »recovered memory«) Positionspapiere erarbeitet.[90] Danach kann es sich – auch bei wiedererlangten Erinnerungen – sowohl um valide als auch um konfabulierte oder Pseudo-Erinnerungen (false memories) handeln, die zudem in verschiedenen Kombinationen auftreten können. Daraus leitet sich für die Empfehlung ab, im therapeutischen Umgang mit traumatischem Material, »skeptisch zu glauben und empathisch zu zweifeln«[91] (▶ Kap. 5).

Neuerlich wurden die Argumente der »falschen Erinnerungen« auch im Prozesse gegen Ghislaine Maxwell bemüht. Sie wurde wegen Beihilfe zum sexuellen Missbrauch und Menschenhandel im Fall Jeffrey Eppstein schuldig gesprochen.[92] Die von der Verteidigung angeführte und von Elizabeth Loftus unterstützte Argumentation, falsche Missbrauchserinnerungen könnten bei den Opfern durch die Aussicht auf finanzielle Schadensersatzansprüche aus dem Eppstein-Nachlass entstanden sein, wurden allerdings als nicht plausibel zurückgewiesen.

---

89 Brown, Sheflin & Hammond (1998)
90 siehe APA (1995) sowie ISTSS (2022)
91 Brenneis (1998)
92 Tuerkheimer (2021); siehe auch Süddeutsche Zeitung (2021)

1.3.2 Die Entwicklung in Deutschland und in der Schweiz

Insgesamt erfolgte die Diskussion um die DIS hierzulande erst mit einer Verzögerung von 15 Jahren und in abgeschwächter und gleichzeitig verzerrter Form: Die Argumente der False Memory Syndrom Foundation wurden von Zeitschriften aufgegriffen, noch bevor sich hier eine eigenständige empirische Forschung zum Thema DIS etablierte. Selbst renommierte Zeitschriften brachten unausgewogene, polemische, teils zynische Beiträge[93] und selten gut recherchierte Reportagen.[94] 1995 erschien ein erstes Fachbuch von M. Huber über das Krankheitsbild – damals noch mit der Bezeichnung Multiple Persönlichkeit (MPS) im Titel –, das mit hohen Auflagen auf breites Laieninteresse stieß.[95] Vom SPIEGEL wird ihr Buch allerdings als »Modischer Wahn« verspottet.[96] Der Artikel beruft sich dabei auf die Expertise von Mitgliedern der FMSM, ohne deren Mitgliedschaft zu benennen. Zudem wurde auch in Deutschland der Fall einer Widerruferin bekannt: In der 1995 ausgestrahlten Fernsehreportage »Der Riss im Kopf« beschreibt die Protagonistin sexuellen Missbrauch durch ihren Vater und – durchaus überzeugend – die Symptome einer Dissoziativen Identitätsstörung. 2003 erscheint eine weitere Reportage über sie mit dem Titel: »Multiple Persönlichkeiten – Wahn der Therapeuten?«[97]. Hier wird geschildert, dass die Patientin inzwischen – allerdings erfolglos – Klage gegen ihren Therapeuten eingereicht hat und sich jetzt sicher sei, nie sexuell missbraucht worden und auch nie »multipel« gewesen zu sein, sondern Opfer der Fehldiagnose ihres Therapeuten war. Möglicherweise spiegelt sich – ähnlich wie im Fall Sybil – weniger eine Fehldiagnose als vielmehr die Ambivalenz einer Patientin hinsichtlich ihrer DIS-Erkrankung wider, wie dies im Rahmen der Diagnosestellung und -mitteilung sowie im weiteren Therapieverlauf häufig zu beobachten ist. In deutschen Fach-

---

93 Stingelin (1997); Lau (1997); Michalzik (1997); Simm (1997)
94 Fröhling (1993); Biel (1993); DER SPIEGEL 16/1994, Bürgerkrieg im Inneren; Paulus (1995); Fröhling (2002)
95 Huber (1995)
96 DER SPIEGEL 12/1995, S. 196–197
97 Kuballa (2003)

1 Was ist Dissoziation?

zeitschriften erschienen zunächst skeptische psychiatrische Artikel zur MPS/DIS[98], doch zunehmend auch Publikationen und Sammelbände[99], die die umfangreichen Forschungsbefunde ausgewogen würdigten. Wichtige internationale Diagnoseinstrumente (▶ Kap. 3.6 und ▶ Kap. 3.7) und Fachbücher sind in die deutsche Sprache übersetzt.[100] Eine generelle Akzeptanz der DIS-Diagnose sowie die Implementierung einer flächendeckenden Versorgung stehen jedoch noch aus.[101] In der Schweiz eskaliert zurzeit eine Neuauflage der sogenannten False-Memory-Debatte mit Polarisierung in den öffentlichen Medien.[102] Die Debatte wird von gerichtlichen Auseinandersetzungen begleitet, die zu großen Verunsicherungen bei Trauma-Therapeutinnen und ihren Patientinnen führen und eine offene Fehlerkultur verhindern. Problematisch ist die teilweise erfolgte Zuordnung von Organisierter Gewalt zu Verschwörungsmythen.[103] Notwendig wäre eine weitere Wissensgenerierung zum Thema Organisierte Gewalt und Strategien der Täterinnen und Täter.[104] Überfällig ist zudem ein disziplinärer und interdisziplinäre Diskurs zu widersprüchlichen Forschungsresultaten zu Gedächtnis- und Aussageprozessen bei traumatisierten Opfern sexueller Gewalt.[105]

---

98 Tölle (1997); Freyberger et al. (2007)
99 Gast et al. (2006); Reddemann, Hofmann & Gast (2006/2011); Eckhard-Henn & Spitzer (2017)
100 Putnam (1989, 2003); Steele, Boon & Van der Hart (2017)
101 Wilhelm-Gößling (2011)]
102 z. B. Züricher Zeitung 21.05.2021 www.nzz.ch/gesellschaft/der-glaube-an-satanistischen-missbrauch-breitet-sich-in-der-schweiz-aus-ld.1684880 (letzter Abruf 25.02.2023); ausgewogen dagegen TAZ 11.2.2023 https://taz.de/Rituelle-Gewalt/!5912309/
103 siehe DeGPT F&A
104 Schröder et al (2020)
105 Brewin & Andrews (2017); Fegert et al. (2018)

1.4 Zusammenfassende Kontroverse zu Mythen und Fakten über die Dissoziative Identitätsstörung (DIS)

Wie bereits im Vorwort erwähnt, zeigen sich im Diskurs um die DIS als schwerste Erkrankung im Dissoziationsspektrum starke Polarisierungsphänomene, die wir als Ausdruck einer Traumadynamik verstehen können, die von Faszination einerseits sowie Abwehr und Verschleierung andererseits geprägt ist. Entsprechend ist die skizzierte Diskussion auch von Missverständnissen, Fehlinformationen oder gar von unfachlich und polemisch vorgetragenen Fiktionen rund um die Validität der Diagnose geprägt. Tabelle 1 gibt einen Überblick über die prominentesten Mythen und jeweils gegenüberstehende Erkenntnisse aus der Forschung.[106]

Tab. 1: Mythen und Fakten zur Dissoziativen Identitätsstörung (DIS) (vgl. Brand et al., 2016).

Mythen und Missverständnisse	Fakten
Die DIS ist eine Modediagnose	Es handelt sich bei der DIS um ein traditionelles psychiatrisches Krankheitsbild, das seit Bestehen der Psychiatrie als Wissenschaft beschrieben wurde (▶ Kap. 1.1.1.–1.1.4). Allein zwischen 2000 und 2014 wurden über 1339 Studien zum Thema DIS publiziert. Zunehmende Evidenz und Expertise aus den Bereichen (Differential-)Diagnostik, Prävalenz und Behandlung stehen dem Mythos der Modediagnose entschieden gegenüber (Brand et al. 2016).
Die DIS zeigt ein florides, dramatisches Erscheinungsbild mit offenkundig wechselnden Identitäten	Dissoziatives Syndrom ist eher diskret und schambesetzt, wird überlagert durch posttraumatische und nicht primär traumaspezifische Symptome; Symptome, insbesondere Wechsel der Identitäten werden meist erst in vertrauensvoller Beziehung gezeigt (ISSTD-Guidelines 2011, Gast & Wirtz 2022, ▶ Kap. 3.1.5).

---

106 siehe auch Loewenstein (2018)

Tab. 1: Mythen und Fakten zur Dissoziativen Identitätsstörung (DIS) (vgl. Brand et al., 2016). – Fortsetzung

Mythen und Missverständnisse	Fakten
Die DIS wird primär in Nordamerika von Experten (über-)diagnostiziert	Prävalenzstudien wurden bislang in 14 Studien durchgeführt (u. a. Kanada, Deutschland, Israel, Niederlande, Schweiz, Türkei und USA). Zwischen 2005 und 2013 wurden 70 Studien mit DIS Patientinnen durch 48 verschiedene Institutionen in 16 verschiedenen Ländern durchgeführt. In 40 % der Studien wurden strukturierte Interviews eingesetzt, was einer fehlerhaften Diagnostik entgegenwirkt (Brand et al. 2016 sowie ▶ Kap. 2.4).
Die DIS ist eine seltene Störung	Bisherige Studien deuten eher darauf hin, dass die DIS eine unterdiagnostizierte Störung ist (▶ Kap. 2.4). Ignoranz und übertriebene Skepsis tragen jedoch zu einer verminderten Wahrnehmung dissoziativer Phänomene und Störungen bei.
Die DIS ist eher eine iatrogene als eine Traumafolgestörung	Bislang liegt keine Studie vor, die als Evidenz für das soziokognitive Modell gewertet werden kann. Das Trauma-Modell dissoziativer Symptome gilt hingegen als gut belegt (Dalenberg et al. 2014, Brand et al. 2016, ▶ Kap. 2.1).
Die DIS gehört zur selben Entität wie die Borderline Persönlichkeitsstörung	Beide Diagnosen können gemeinsam auftreten und zeigen teilweise eine überlappende Symptomatik. Strukturierte und semistrukturierte Diagnostik ermöglichen die valide Differenzierung beider Diagnosen. Vorläufige Befunde deuten zudem auf unterschiedliche, neurobiologische Korrelate hin (Korzewa et al. 2009, ▶ Kap. 3.3 und ▶ Kap. 3.4).
Die Behandlungsmethoden für eine DIS sind schädlich für Patientinnen	Schädliche Folgen von Behandlungsmethoden bei DIS konnten bislang nicht nachgewiesen werden. Behandlungsstudien auf Basis internationaler und nationaler Behandlungsrichtlinien (ISSTD-Guidelines 2011, Gast & Wirtz 2022) deuten eher auf eine Effektivität und somit Symptomreduktion hin.

Eine schwer einfühlbare psychische Konstellation, widersprüchliche Informationen über das Krankheitsbild in den psychiatrischen Manualen, mögliche Einflussnahme durch Interessengruppen (z. B. False Memory Foundation) sowie eine auf die Traumagenese zurückzuführende individuelle und kollektive Neigung zu Abwehr und Verleugnung stellen also wichtige Faktoren dar, die zur mangelnden Akzeptanz der DIS beitragen und die objektive Meinungsbildung über das Krankheitsbild erschweren. Hinzu kommen die von den Dissoziationsforschern »hausgemachten« Faktoren der unzureichenden Diagnosekriterien und uneinheitlichen Konzepte. Um Letzteres zu überwinden, wurde an neuen Konzeptualisierungen gearbeitet, die in die ICD-11-Diagnosen eingeflossen sind.

1.5 Neuordnung der dissoziativen Störungen unter Berücksichtigung unterschiedlicher Persönlichkeitszustände

Die beiden Neuordnungen, die wir hier vorstellen möchten, haben unterschiedliche Argumentationslinien, kommen allerdings zu erstaunlich ähnlichen Ergebnissen. Die Neukonzeptualisierung von Dell wird durch statistische Itemanalysen und taxometrische Forschung untermauert. Letztere wird angewendet, um Klassifikationsprobleme in der Psychopathologie und Fragen zur diagnostischen Validität zu klären. Insbesondere kann so zwischen psychologischen *Typen* (im Sinne eines qualitativen Unterschiedes) und *Variationen eines Kontinuums* (nur quantitative Unterschiede) unterschieden und pathologische Dissoziation identifiziert werden.[107] Die Arbeitsgruppe um van der Hart und Nijenhuis dagegen hat einen ganz anderen zentralen Ausgangspunkt ihrer Theorie-Bildung: Sie bringen Dissoziation in den Zusammenhang mit neurobiologisch und evolutionsbiologisch tief verankerten Reaktionsweisen auf individuelle Bedrohung, wie man sie auch im Tierreich beobachtet, und bauen auf diesen Überlegungen ihr Modell der strukturellen Dissoziation auf. Wie in

---

107 Waller et al. (1996); Gast (2011)

Tabelle 2 gezeigt wird, führen beide Wege zu vergleichbaren klinischen Einteilungen der dissoziativen Störungen.

1.5.1 Kriterien von Dell

Dell kritisiert eine unangemessene Fokussierung auf ein einzelnes Merkmal, das zudem selten zu beobachten ist, nämlich auf das Vorhandensein sichtbarer wechselnder Persönlichkeitsanteile (auch »alter« im Sinne von Alter-Ego genannt). Die Fokussierung auf diesen Wechsel der Persönlichkeitszustände, die zudem mit Amnesie einhergehen müssen, ignoriere weitere wichtige Informationen und Symptome dissoziativer Störungen.[108] Auch andere Autoren unterstreichen Dells Kritik und beanstanden, dass durch die aktuellen Kriterien die Kernsymptomatik der DIS nur unzureichend abgebildet werde.[109] Zudem wird als problematisch angesehen, dass die bisherigen Kriterien lediglich auf einen Konsens zwischen Experten, nicht aber auf wissenschaftliche und taxometrische Ergebnisse zurückführbar sind. Eine solche taxometrische Überprüfung sei durch die bisherigen Kriterien nicht möglich, jedoch zur Abgrenzung der DIS von anderen Störungsbildern, wie der PTBS,[110] erforderlich. Er stellt zudem einen Fragebogen zusammen, den er hinsichtlich der Testgütekriterien umfassend prüft.[111] Alles in allem – so Dell – begünstigen die theoretisch und praxisfern ausgerichteten Diagnosekriterien die langandauernde ideologische Kontroverse um die Dissoziative Identitätsstörung (▶ Kap. 3.1). Er plädiert daher für praktikablere und klinisch relevantere Diagnosekriterien sowie deren sinnvolle Operationalisierung für den klinischen Alltag,[112] um die DIS nicht lediglich auf eine »alter disorder« zu reduzieren.[113]

Basierend auf der kritischen Diskussion und der empirischen Befundlage schlägt Dell ein alternatives Modell zur umfassenden Neuordnung dissoziativer Störungen und präziseren Beschreibung vor allem der Dis-

---
108 Dell (2009a;b)
109 Gleaves, May & Cardena (2001)
110 Wabnitz, Gast & Catani (2013)
111 Dell (2006a;b)
112 Dell (2001)
113 Dell (2006a/b), S. 17

soziativen Identitätsstörung vor. In seinem *subjektiv-phänomenologischen Modell* sieht Dell Intrusionen als Kernmerkmal dissoziativer Phänomene an, und zwar als wiederkehrende und störende Intrusionen in die eigenen exekutiven Funktionen und der Wahrnehmung des eigenen Selbst durch »self states« bzw. abgespaltene Persönlichkeitsanteile.[114] Die ganze Bandbreite der verschiedenen dissoziativen Symptome lässt sich demnach als Intrusionen in allen Bereichen der menschlichen Wahrnehmung und den ausführenden Funktionen zurückführen. Es sei hier angemerkt, dass die Dominanz von Intrusionen als Kernphänomen dissoziativer Störungen von Nijenhuis und van der Hart[115] insofern relativiert wurde, als neben den Phänomenen positiver Intrusionen eben auch negative Phänomene im Sinne einer Minussymptomatik bestehen.[116] Trotz dieser Einschränkung ist das Konzept von Dell weitgehend kompatibel mit dem Modell der strukturellen Dissoziation. Sein *subjektiv-phänomenologisches* Modell betont die Unterscheidung von »einfachen« und »komplexen« dissoziativen Störungen. Bei ersterer (A) finden sich keine Anzeichen einer aufgespalteten Persönlichkeitsorganisation. Bei letzterer liegen Manifestationen einer solchen Aufspaltung vor und kann wiederum in teil-abgespaltene (B) und in vollabgespaltene (C) Persönlichkeitsanteile unterschieden werden. Eine Zusammenstellung der diagnostischen Kriterien findet sich im nachfolgenden Kasten.

Kasten 4: Diagnostische Kriterien für dissoziative Störungen nach Dell (2001b, 2002, Übersetzung Rodewald, 2005).

A. **Ein durchgängiges Muster allgemeinen dissoziativen Funktionierens** (mindestens vier der folgenden Symptome):
 1. **Gedächtnisprobleme:** Auffällige Erinnerungslücken für die eigene Kindheit, Vergangenheit, den vorherigen Tag, aktuelle Ereignisse, wichtige persönliche Lebensereignisse etc.

---

114 ebenda
115 Nijenhuis & Van der Hart (2011)
116 ebenda

2. **Depersonalisation:** Dauerhafte oder wiederkehrende als seltsam bzw. fremd erlebte Wahrnehmung des Selbst, der Gedanken oder des eigenen Körpers, z. b. sich »unwirklich« fühlen, sich als distanzierte BeobachterIn von sich selbst erleben, oder sich als vom eigenen Selbst, den eigenen Gedanken bzw. geistigen Inhalten oder vom eigenen Körper distanziert, entfremdet oder abgetrennt erleben
3. **Derealisation:** Dauerhaft oder wiederkehrend veränderte Wahrnehmung der Außenwelt, so dass diese fremd, unwirklich, entfernt, ungewohnt oder verändert erscheint
4. **Dissoziative oder Somatoforme Flashbacks:**
   Dissoziative Flashbacks (Gefühl, ein traumatisches Erlebnis noch einmal zu durchleben und dabei vollkommen den Kontakt zur Gegenwart, zu Zeit, Ort, Situation bzw. anwesenden Personen zu verlieren)
   Somatoforme Flashbacks (Körpererinnerungen an körperliche Empfindungen aus einem vergangenen traumatischen Erlebnis)
5. **Somatoforme Dissoziation** (z. B. Konversionssymptome): Körperliche oder neurologische Symptome ohne organische Ursache. Mindestens drei der folgenden Beispiele:
   Muskuläre Ausfälle (Lähmungen, Schwierigkeiten beim Laufen, Sprechen, Schlucken oder Wasser lassen, Steifheit)
   Wahrnehmungsstörungen oder -veränderungen (z. B. Blindheit, Taubheit, Ausfall der Körperwahrnehmung, Tunnelblick, auditorische Distanziertheit, Macropsie, Veränderungen von Geschmack oder Geruch)
   Neurologische Symptome (z. B. Krampfanfälle, Schwierigkeiten beim Sprachverständnis)
   Schmerzen, insbesondere im Genitalbereich
6. **Trancezustände:** Wiederkehrende Trance-Episoden, während derer die Person in den Raum starrt, ohne an etwas zu denken und ohne wahrzunehmen, was um sie herum vor sich geht

B. **Anzeichen für teilweise dissoziierten Einflussnahme von Persönlichkeitsanteilen** (mindestens sechs der folgenden Symptome):

1. **Kinderstimmen:** Die Stimme von einem oder mehreren Kindern hören (normalerweise innerhalb des Kopfes), die sprechen, schreien oder weinen
2. **Innere Dialoge oder Streits:** Stimmen hören, die miteinander sprechen, streiten oder miteinander oder mit der betroffenen Person kämpfen
3. **Drohende Stimmen:** Stimmen hören, die die Person bedrohen, ihr schaden wollen oder sie beleidigen
4. **Teildissoziierte Sprache:** Sich selbst sprechen hören, aber das Gefühl haben, nicht der-/diejenige zu sein, die spricht bzw. die die Worte wählt
5. **Teildissoziierte Gedanken:** Die Person hat das Gefühl, dass ihr Gedanken eingegeben oder aufgedrängt werden, Gedanken scheinen »aus dem Nichts« zu kommen, auch Gedankenentzug
6. **Teildissoziierte Emotionen:** Gefühle oder Stimmungen scheinen »aus dem Nichts« zu kommen oder die Person hat das Gefühl, dass ihr Emotionen aufgedrängt/eingegeben werden, auch ein plötzliches und unerklärliches »Verschwinden« von Gefühlen
7. **Teildissoziiertes Verhalten:** Die eigenen Handlungen als nicht unter der eigenen willentlichen Kontrolle befindlich erleben, als von außen aufgedrängt oder von einer anderen Person ausgeführt erleben, auch auffallende Änderungen der Handschrift
8. **Zeitweise dissoziierte Kenntnisse und Fertigkeiten:** Plötzliche Wechsel in Fähigkeiten oder Funktionsniveau (z. B. vergessen, wie man Auto fährt, wie man einen Computer bedient, wie man seine Arbeit macht, nicht mehr lesen können etc.) oder das eigene Alter, Namen oder Adresse vergessen
9. **Verunsichernde Erfahrungen von Identitätsänderungen:** Wiederholte Erfahrung, sich wie eine andere Person zu fühlen oder zu handeln (z. B. wie ein kleines Kind, wie eine Angehörige des anderen Geschlechts, wie eine Person mit völlig anderen Ansichten oder Wertvorstellungen etc.)

10. **Identitätsunsicherheit:** Verunsichert oder verwirrt über sich selbst sein (aufgrund von wiederholten ich-fremden intrusiven Wechseln in Gedanken, Einstellungen, Emotionen, Fertigkeiten, Verhaltensweisen, Funktionstüchtigkeit)
11. **Vorhandensein teildissoziierter Persönlichkeitsanteile:** DiagnostikerIn trifft während der Untersuchung auf einen teildissoziierten Anteil, der angibt (oder den Anschein erweckt), jemand anders als die untersuchte Person zu sein. Es besteht aber Co-Bewusstsein für den anderen Anteil.

C. **Hinweise auf voll dissoziierte Handlungen anderer Persönlichkeitsanteile** (mindestens einer der folgenden Punkte (1) und (2) muss zutreffen):
1. **Wiederholte Amnesien für das eigene Verhalten** (wiederholte Episoden folgender beider Aspekte): stark lückenhaftes Zeiterleben
    a) **Zeitverluste:** vollständige »Erinnerungslücken« oder »Filmrisse« für zwei Stunden oder mehr
    »Zu sich kommen«, während die Person dabei ist, eine Handlung auszuführen, ohne sich bewusst gewesen zu sein, dies zu tun (z. B. Auto fahren, den Kindern »den Hintern versohlen«, abwaschen etc.)
    Fugues: plötzliche und unerwartete Wechsel von einem Ort zum anderen, ohne dies bewusst entschieden zu haben und ohne sich an die Reise bzw. den Weg von Punkt A nach Punkt B zu erinnern
    b) **Nicht-erinnerbares Verhalten**
    der Person wird **von einer zuverlässigen BeobachterIn über Handlungen berichtet,** für die sie eine vollständige Amnesie hat
    Dinge im eigenen Besitz finden, die man selbst angeschafft haben muss, ohne sich jedoch daran erinnern zu können
    Notizen oder Zeichnungen finden, die man selbst angefertigt haben muss, ohne sich jedoch daran erinnern zu können
    Hinweise auf kürzlich ausgeführte Handlungen (z. B.

Beendigung einer Aufgabe, andere Kleidung tragen, eine Mahlzeit zu sich genommen haben etc.), ohne sich an die Ausführung erinnern zu können
Feststellen, dass man einen **Suizidversuch unternommen hat oder sich selbst verletzt hat**
(ohne sich erinnern zu können, dies getan zu haben)
2. **Vorhandensein vollständig dissoziierter Persönlichkeitsanteile:** Diagnostikerin trifft auf einen voll dissoziierten Anteil, der für sich in Anspruch nimmt, eine andere Person zu sein als die, die untersucht wird. Die Primär-Person hat eine Amnesie dafür, dass die Untersucherin Kontakt mit dem anderen Persönlichkeitsanteil hatte.

Die von Dell vorgeschlagene Einteilung in einfache und komplexe dissoziative Störung hat wichtige klinisch-therapeutische Implikationen. So erfordert das Vorliegen einer einfachen dissoziativen Störung ein therapeutisches Vorgehen, durch welches die Arbeit an auslösenden Situationen und Triggern im Vordergrund steht. Komplexe dissoziative Störungen erfordern hingegen ein störungsspezifisches Vorgehen, dessen Interventionen darauf abzielen, die dissoziierten Persönlichkeitsanteile aktiv in die Therapie mit einzubeziehen. Dies wird ausführlicher im Kapitel 4.3 beschrieben. Die Forschungsergebnisse und konzeptionellen Überlegungen von Dell, insbesondere auch die systematische Erfassung der komplexen intrusiven Symptomatik, finden in modifizierter Form Niederschlag in der partiellen DIS der ICD-11.

1.6 Strukturelle Dissoziation nach van der Hart, Nijenhuis und Steele

Bei der »strukturellen Dissoziation der Persönlichkeit« handelt es sich um ein ätiologisches Entwicklungsmodell basierend auf den Ideen von Janet.

Auch dieses Modell versucht – ähnlich wie Dell – eine vereinheitlichende Theorie der Dissoziation einschließlich der DIS zu schaffen und zudem dissoziative Störungen in das Spektrum traumabezogener Störungen einzuordnen.[117]

1.6.1 Primäre, sekundäre und tertiäre Dissoziation

In dem Artikel »Trauma-related dissociation: conceptual clarity lost and found«[118] von Van der Hart, Nijenhuis, Steele und Brown argumentieren die Autoren, dass die heutigen Konzepte unpräzise sind und dass – je nach Sichtweise – Dissoziation zu weit oder zu eng gefasst wird. Entsprechend kommt es zu einem unangemessenen Einschluss (»overinclusiveness«) z. B. von Absorption, Imaginieren und Tagtraum oder zu einem fehlenden Einschluss (»underinclusiveness«) z. B. von Intrusionen und somatoformen Symptomen in die Kategorie der Dissoziation. Darüber hinaus werfen sie die Frage auf, ob ein Spektrum von traumabezogenen Störungen mit einer gemeinsamen psychobiologischen Grundlage angenommen werden kann. Zur Klärung dieser Fragen empfehlen sie eine Rückbesinnung auf die Sichtweise Janets:

Bei Janet wurde, wie bereits oben beschrieben, Dissoziation ursprünglich als Bezeichnung für Spaltung der Persönlichkeit oder des Bewusstseins verwendet.[119] Er beschrieb Dissoziation als Spaltung zwischen »Systemen von Ideen und Funktionen, welche die Persönlichkeit ausmachen«.[120] Mit »Ideen« meinte er nicht nur Gedanken, sondern psychobiologische Komplexe (Systeme), welche Gedanken, Affekte, Empfindungen, Verhaltensweisen und Erinnerungen umfassten (Nijenhuis et al.[121] bezeichnen diese »Ideen« als mentale Handlungen). Die Persönlichkeit wiederum bezeichnet Janet als eine Struktur, die aus verschiedenen Systemen besteht.

---

117 Van der Hart et al. (2006)
118 Van der Hart et al. (2004)
119 Janet (1887)
120 Janet (1907), S. 332
121 Nijenhuis et al. (2008), S. 47

1.6 Strukturelle Dissoziation nach van der Hart, Nijenhuis und Steele

In Weiterführung seiner Theorien entwickelten Nijenhuis, Van der Hart und Steele das Modell der strukturellen Dissoziation.[122] Danach stellt die Dissoziation der Persönlichkeit das Kernmerkmal des Traumas dar. Die Dissoziation oder Aufspaltung vollzieht sich, wenn das Individuum nicht über die Fähigkeit verfügt, belastende Lebensereignisse teilweise oder in Gänze zu integrieren. Dissoziation stellt dabei teilweise eine Anpassungsleistung, in der Regel gleichzeitig aber auch eine Behinderung der Anpassungsfähigkeiten dar. Die Dissoziation der Persönlichkeit vollzieht sich dabei nicht willkürlich oder zufällig, sondern an entwicklungsgeschichtlich vorgegebenen Sollbruchstellen, entlang der »Spalten« zwischen verschiedenen biologischen Systemen. Es kommt – in Anlehnung an Myers[123] zu einer Aufspaltung in einen »anscheinend normalen« Persönlichkeitsanteil (»apparently normal«; ANP) und einen »emotionalen« Persönlichkeitsanteil (EP). Eine besondere empfindliche Sollbruchstelle befindet sich dabei zwischen den beiden Hauptkategorien psychobiologischer Systeme, nämlich den Systemen, die der Alltagsbewältigung dienen, und denen, die bei Gefahren aktiviert werden; also denen, die für das Überleben der Art wichtig sind, und denen, die dem individuellen Überleben dienen. Während der ANP das emotionale System für das Überleben der Art und für die Alltagsbewältigung umfasst, beinhaltet der EP das emotionale Verteidigungssystem für das Überleben eines massiv bedrohten Individuums. Bei dieser Form der Aufspaltung sprechen die Autoren von *primärer struktureller Dissoziation*, welche für die Anpassungsstörung und einfache PTSD charakteristisch ist. Es kommt bei diesen beiden Diagnosen also zu einer Abspaltung des emotionalen Persönlichkeitsanteils, der das biologisch vorgegebene Verteidigungssystem in sich trägt.

Bei komplexeren Formen der PTSD (die der Diagnosekategorie Nicht Näher Bezeichnete Dissoziative Störungen oder Andere Näher Bezeichnete Dissoziative Störungen zugeordnet sind) ist zusätzlich auch der emotionale Persönlichkeitsanteil in sich strukturell dissoziiert, was Nijenhuis et al. als *sekundäre strukturelle Dissoziation* bezeichnen. Es liegt dabei eine mangelnde Integration der Verteidigungs-Subsysteme und anderer emotionaler Systeme vor, ausgelöst durch ein größeres Ausmaß an Traumatisierung, als

---

122 Nijenhuis, Van der Hart & Steele (2006)
123 Myers (1940)

1 Was ist Dissoziation?

das bei einfacher PTSD vorliegt. Diese Subsysteme umfassen Besorgnis, Flucht, Freezing, Analgesie, Kampf und Unterwerfung mit Anästhesie. Bei der sekundären Dissoziation treten also verschiedene EPs auf: So beinhaltet eine EP das Fluchtsystem, eine andere das Freezing-Verhalten, eine weitere Kampfimpulse und eine vierte Unterwerfung mit Analgesie.

Bei der *tertiären strukturellen Dissoziation* wiederum liegt nicht nur eine Fragmentierung des emotionalen Persönlichkeitsanteils, sondern auch des »anscheinend normalen« Alltagsanteils vor. Tertiäre strukturelle Dissoziation, die das Störungsbild der DIS charakterisiert, tritt in der Regel nicht während des Traumas auf, sondern dann, wenn spezielle unausweichliche Aspekte im Alltag mit dem vergangenen Trauma assoziiert werden, d. h. zu konditionierten Stimuli werden, die die traumatischen Erinnerungen aktivieren. Typische Subsysteme der ANP umfassen Bindung an den Nachwuchs, Berufstätigkeit sowie einen emotional tauben, depersonalisierten und vermeidenden Anteil der Alltagsbewältigung. Entsprechend finden sich bei DIS-Patientinnen in den verschiedenen Alltagsanteilen sehr charakteristische Aufteilungen: Eine ANP organisiert – in meist depersonalisiertem Zustand – den Alltag, eine andere ANP regelt die die Kinderversorgung (Bindung an den Nachwuchs), eine dritte den beruflichen Alltag, eine weitere lebt sexuelle Bedürfnisse aus usw.

1.6.2 Definition der Dissoziation bei Trauma auf Basis der strukturellen Dissoziation

Auf der Basis der vorangestellten Überlegungen stellen Nijenhuis und Van der Hart im Journal for Trauma and Dissociation folgende Definition vor:[124]

> »Dissoziation bei Trauma beinhaltet eine Aufspaltung der Persönlichkeit, und zwar des gesamten psychobiologischen Systems, das die charakteristischen mentalen und verhaltensmäßigen Aktionen bestimmt.
> Diese Dissoziation der Persönlichkeit stellt das Kernmerkmal des Traumas dar. Sie vollzieht sich, wenn das Individuum nicht über die Fähigkeit verfügt, belastende Lebensereignisse teilweise oder in Gänze zu integrieren. Dissoziation kann in dem Zusammenhang eine Anpassung unterstützen, in der Regel aber

---

124 Nijenhuis & Van der Hart (2011), S. 418, Übersetzung: U. G.

auch Anpassung behindern. Die Aufspaltung betrifft zwei oder mehr unzureichend integrierte dynamische, aber äußerst stabile Subsysteme. Diese Subsysteme führen Handlungen aus und können eine beliebige Anzahl von mentalen und verhaltensmäßigen Aktionen und Zustände (implied states) umfassen. Diese Subsysteme und Zustände (states) können ruhend oder aktiviert sein – sowohl nacheinander als auch parallel. Jedes dissoziierte Subsystem, also jeder dissoziierte Anteil der Persönlichkeit trägt eine eigene, zumindest rudimentäre Ich-Perspektive in sich. Jeder dissoziierte Anteil, als auch das Gesamtindividuum kann mit anderen dissoziierten Anteilen und anderen Individuen – zumindest grundsätzlich – in Interaktion treten. Dissoziierte Anteile halten bestimmte biologische Grenzen aufrecht, die sie getrennt belassen; diese Grenzen können sich aber grundsätzlich auch auflösen.

Phänomenologisch manifestiert sich die Aufspaltung der Persönlichkeit in dissoziativen Symptomen, die sich folgendermaßen kategorisieren lassen: Negative Symptome (funktionelle Verluste wie Amnesie oder Lähmungen) oder positive Symptome (Intrusionen, Flashbacks, Stimmen); psychoform (Amnesie oder Stimmen hören) oder somatoform (Anästhesie oder Tics).«

Diese Definition beschreibt Dissoziation als spezifische Struktur (im Sinne einer Organisationsform der Persönlichkeit), die phänomenologisch an bestimmten dissoziativen Symptomen erkennbar wird, und ist für das Verständnis von DIS und ihrer partiellen Form sehr hilfreich.[125]

1.7. Aktuelle Kategorisierungen der dissoziativen Störungen

Die beschriebenen Forschungsergebnisse haben im DSM-5 und in der ICD-11 unterschiedliche Beachtung gefunden: Im DSM-5 wurde vor allem die Forderung aufgegeben, dass der Persönlichkeitswechsel von anderen beobachtet werden muss, um die Diagnose der Dissoziativen Identitätsstörung stellen zu können: Bereits die subjektive Beschreibung der Merkmale einer dissoziierten Persönlichkeitsstörung – von der Person selbst berichtet – werden als Kriterium gewertet. Besonderes weichenstellend sind die

---
125 Nijenhuis et al. (2014)

1 Was ist Dissoziation?

Neuerungen in der ICD-11: Die Unterscheidung der einfachen und komplexen dissoziativen Störungen von Dell sowie das Konzept der strukturellen Dissoziation der Arbeitsgruppe um Van der Hart, Nijenhuis und Steele werden insofern berücksichtigt, als das das Vorhandensein unterschiedlicher Persönlichkeitszustände eingeführt wird (▶ Tab. 2).

Tab. 2: Dissoziative Störungen in ICD-11 und DSM-5 im Vergleich

ICD-11		DSM-5	
6B61	Dissoziative Amnesien	300.12 (300.13)	Dissoziative Amnesie (mit Fugue)
6B62	Trance Störung		
6B63	Dissoziative Trance- u. Besessenheit		
6B60	Dissoziativ-neurologische Symptomstörungen		
6B60.0	Mit visuellen Beeinträchtigungen	300.11	Konversionsstörung
6B60.1	Mit akustischen Beeinträchtigungen, unspez.		
6B60.2	Hörverlust, dissoziatives Stimmenhören Schwindel oder Benommenheit		
6B60.3	Mit anderen sensorischen Beeinträchtigungen		
6B60.4	Mit nicht-epileptischen Krampfanfällen		
6B 60.5–9	Beeinträchtigung: Sprechen, Parese, Gang, Bewegung. Kognitionen		
6B64	Dissoziative Identitätsstörung	300.14	Dissoziative Identitätsstörung
6B65	Partielle Dissoziative Identitätsstörung		

Tab. 2: Dissoziative Störungen in ICD-11 und DSM-5 im Vergleich – Fortsetzung

ICD-11		DSM-5	
6B6Y/ 6B6Z	Sonstige näher bezeichnete Dissoziative Störungen	300.15	Andere Näher Bezeichnete Dissoziative Störung (ANBDS); Nicht Näher Bezeichnete Dissoziative Störungen (NNBDS)
6B66	Depersonalisations-/Derealisationsstörung	300.60	Depersonalisations-/Derealisationsstörung

1.7.1 Kategorisierung im DSM-5

Wir gehen vor allem auf die Änderungen ein, die sich dem DSM-IV gegenüber ergeben haben. Das DSM-5[126] erfasst folgende dissoziative Störungen:

Dissoziative Amnesie

A. Eine Unfähigkeit, sich an wichtige autobiografische Informationen zu erinnern, die in der Regel traumatischer oder belastender Natur sind, und die nicht als gewöhnliche Vergesslichkeit zu werten ist. **Beachte:** Die Dissoziative Amnesie besteht meistens aus einer Lokalen oder Selektiven Amnesie für ein spezifisches Ereignis oder mehrere Ereignisse; oder einer Generalisierten Amnesie für die eigene Identität und die Lebensgeschichte.
B. Die Symptome verursachen in klinisch bedeutsamer Weise Leiden oder Beeinträchtigungen in sozialen, beruflichen oder anderen wichtigen Funktionsbereichen.

---

126 APA (2013); Falkai & Wittchen (2018). Abdruck erfolgt mit Genehmigung vom Hogrefe Verlag Göttingen aus dem Diagnostic and Statistical Manual of Mental Disorders, Fifth Edition, © 2013 American Psychiatric Association, dt. Version © 2018 Hogrefe Verlag.

C. Das Störungsbild ist nicht Folge der physiologischen Wirkung einer Substanz (z. B. Alkohol oder andere Substanz mit Missbrauchspotential, Medikament) oder eines neurologischen oder anderen medizinischen Krankheitsfaktors (z. B. komplex-partielle Anfälle, transiente globale Amnesie, Folgen einer geschlossenen Kopfverletzung/ eines Schädel-Hirn-Traumas oder einer anderen neurologischen Erkrankung).

D. Das Störungsbild kann nicht besser durch eine Dissoziative Identitätsstörung, Posttraumatische Belastungsstörung, Akute Belastungsstörung, Somatische Belastungsstörung oder Leichte oder Schwere Neurokognitive Störung erklärt werden.

Codierhinweis: Der Code für die Dissoziative Amnesie ohne Dissoziative Fugue ist F44.0. Der Code für die Dissoziative Amnesie mit Dissoziativer Fugue ist F44.1.

Bestimme, ob:

F44.1 Mit Dissoziativer Fugue: Eine offensichtlich absichtliche Reise oder zielloses Umherirren verbunden mit einer Amnesie für die eigene Identität oder für andere wichtige autobiografische Informationen.

Depersonalisations-/Derealisationsstörung

A. Das Vorliegen andauernder oder wiederkehrender Erfahrungen der Depersonalisation, Derealisation oder von beidem:
- **Depersonalisation:** Erfahrungen der Unwirklichkeit, des Losgelöstseins oder des Sich-Erlebens als außenstehender Beobachter bezüglich eigener Gedanken, Gefühle, Wahrnehmungen, des Körpers oder Handlungen (z. B. Wahrnehmungsveränderungen, gestörtes Zeitempfinden, unwirkliches oder abwesendes Selbst, emotionales und/oder körperliches Abgestumpftsein).
- **Derealisation:** Erfahrungen der Unwirklichkeit oder des Losgelöstseins bezüglich der Umgebung (z. B. Personen oder Gegenstände werden als unreal, wie im Traum, wie im Nebel, leblos oder optisch verzerrt erlebt).

B. Während der Depersonalisations-/Derealisationserfahrung bleibt die Realitätsprüfung intakt.
C. Die Symptome verursachen in klinisch bedeutsamer Weise Leiden oder Beeinträchtigungen in sozialen, beruflichen oder anderen wichtigen Funktionsbereichen.
D. Das Störungsbild ist nicht Folge der physiologischen Wirkung einer Substanz (z. B. Substanz mit Missbrauchspotenzial, Medikament) oder eines medizinischen Krankheitsfaktors (z. B. Krampfanfall).
E. Das Störungsbild kann nicht besser durch eine andere psychische Störung wie Schizophrenie, Panikstörung, Major Depression, Akute Belastungsstörung, Posttraumatische Belastungsstörung oder eine andere dissoziative Störung erklärt werden.

Aus der Depersonalisationsstörung im DSM-IV wurde also die Depersonalisations-/Derealisationsstörung. Kriterium A. wurde entsprechend um Derealisation ergänzt.

Andere Näher Bezeichnete Dissoziative Störung

Diese Kategorie gilt für Erscheinungsbilder, bei denen charakteristische Symptome einer dissoziativen Störung vorherrschen, die in klinisch bedeutsamer Weise Leiden oder Beeinträchtigungen in sozialen, beruflichen oder anderen wichtigen Funktionsbereichen verursachen, bei denen die Kriterien für eine der dissoziativen Störungen aber nicht vollständig erfüllt sind. Die Kategorie »Andere Näher Bezeichnete Dissoziative Störung« wird in Situationen vergeben, in denen der Kliniker den Grund angeben möchte, warum die Kriterien für eine bestimmte dissoziative Störung nicht erfüllt sind. In diesem Fall wird »Andere Näher Bezeichnete Dissoziative Störung« codiert, gefolgt vom jeweiligen Grund (z. B. »Dissoziative Trance«).

Beispielhaft folgen Beschwerdebilder, die mithilfe der Kategorie »Andere Näher Bezeichnete Dissoziative Störung« beschrieben werden können:

1. **Chronische und wiederkehrende Syndrome gemischter dissoziativer Symptome:** Diese Kategorie umfasst Identitätsstörungen, die mit weniger ausgeprägten Diskontinuitäten des Bewusstseins des eigenen Selbst und des eigenen Handelns assoziiert sind, oder Veränderungen der Identität oder Episoden von Besessenheit bei Personen, die keine Dissoziative Amnesie berichten.
2. **Identitätsstörungen infolge anhaltender und intensiver Manipulation unter Zwangsbedingungen:** Personen, die einem intensiven Prozess der Manipulation unter Zwangsbedingungen unterworfen waren (z. B. durch »Gehirnwäsche«, Gedankenbeeinflussung, Indoktrination während Gefangenschaft, Folter, lang andauernde politische Gefangenschaft, Rekrutierung durch Sekten/Kulte oder terroristische Organisationen), können anhaltende Veränderungen oder bewusstes Infragestellen ihrer Identität aufweisen.
3. **Akute dissoziative Reaktionen auf belastende Ereignisse:** Diese Kategorie ist vorgesehen für akute, vorübergehende Bedingungen, die typischerweise weniger als einen Monat andauern, manchmal auch nur wenige Stunden oder Tage. Die Symptomatik ist charakterisiert durch Einschränkung des Bewusstseins, Depersonalisation, Derealisation, Wahrnehmungsstörungen (z. B. Verlangsamung des Zeitempfindens oder Makropsie), Mikro-Amnesien, vorübergehender Stupor und/oder Änderungen in der sensomotorischen Funktion (z. B. Analgesie, Paralyse).
4. **Dissoziative Trance:** Die Symptomatik ist charakterisiert durch eine akute Einengung oder den kompletten Verlust des Bewusstseins für die unmittelbare Umgebung, was sich als tiefgreifende Unempfänglichkeit oder Unempfindlichkeit gegenüber Umweltreizen manifestiert. Die Unempfindlichkeit kann begleitet sein von geringfügigen stereotypen Verhaltensweisen (z. B. Fingerbewegungen), denen sich die Person nicht bewusst ist und/oder die sie nicht kontrollieren kann, sowie einer vorübergehenden Paralyse oder dem Verlust des Bewusstseins. Die dissoziative Trance ist kein typischer Bestandteil von breit akzeptierten kollektiven kulturellen oder religiösen Praktiken.

1.7. Aktuelle Kategorisierungen der dissoziativen Störungen

Nicht Näher Bezeichnete Dissoziative Störung

Diese Kategorie gilt für Erscheinungsbilder, bei denen charakteristische Symptome einer dissoziativen Störung vorherrschen, die in klinisch bedeutsamer Weise Leiden oder Beeinträchtigungen in sozialen, beruflichen oder anderen wichtigen Funktionsbereichen verursachen, bei denen die Kriterien für eine der dissoziativen Störungen aber nicht vollständig erfüllt sind. Die Kategorie »Nicht Näher Bezeichnete Dissoziative Störung« wird in Situationen vergeben, in denen der Kliniker den Grund *nicht* angeben möchte, warum die Kriterien für eine bestimmte dissoziative Störung nicht erfüllt sind. Sie beinhaltet auch Beschwerdebilder, für die nicht genügend Informationen vorliegen, um eine genauere Diagnose stellen zu können (z. B. bei Notaufnahmen).

Dissoziative Identitätsstörung (DIS)

A. Störung der Identität, die durch zwei oder mehr unterscheidbare Persönlichkeitszustände gekennzeichnet ist und die in einigen Kulturen auch als das Erleben von Besessenheit beschrieben wird. Die Störung der Identität umfasst eine deutliche Diskontinuität des Bewusstseins des eigenen Selbst und des Bewusstseins des eigenen Handelns, begleitet von damit verbundenen Veränderungen des Affekts, des Verhaltens, des Bewusstseins, des Gedächtnisses, der Wahrnehmung, des Denkens und/oder sensorisch-motorischer Funktionen. Diese Merkmale und Symptome können von anderen beobachtet oder von der Person selbst berichtet werden.
B. Wiederkehrende Lücken bei der Erinnerung alltäglicher Ereignisse, wichtiger persönlicher Informationen und/oder traumatischer Ereignisse, die nicht als gewöhnliche Vergesslichkeit zu werten sind.
C. Die Symptome verursachen in klinisch bedeutsamer Weise Leiden oder Beeinträchtigungen in sozialen, beruflichen oder anderen wichtigen Funktionsbereichen.
D. Das Störungsbild ist nicht normaler Bestandteil breit akzeptierter kultureller oder religiöser Praktiken

1 Was ist Dissoziation?

> **Beachte:** Bei Kindern können die Symptome nicht besser durch imaginierte Spielkameraden oder andere Fantasiebeispiele erklärt werden.
> E. Die Symptome sind nicht Folge der physiologischen Wirkung einer Substanz (z. B. Blackout oder ungeordnetes Verhalten während einer Alkoholintoxikation) oder eines medizinischen Krankheitsfaktors (z. B. komplex-partielle Anfälle).

Wie bereits oben erwähnt, wird in dem letzten Halbsatz von A. gegenüber dem DSM-IV klargestellt, dass ein Wechsel von einem Persönlichkeitsanteil in einen anderen nicht unmittelbar beobachtet werden muss, um die Diagnose zu stellen. Dies ist ein wichtiger Vorteil, da man einen solchen Wechsel (»Switch«) – gerade während der ersten diagnostischen Kontakte – nur sehr selten zu sehen bekommt. Oft muss erst ein längerer vertrauensvoller Kontakt entstanden sein, bevor Patientinnen einen solchen Wechsel zulassen und zeigen können.

1.8. Kategorisierung und Beschreibung von Dissoziation in ICD-11

ICD-11 beschreibt Dissoziation als unfreiwillige Unterbrechung oder Diskontinuität von verschiedenen psychischen Funktionen: Identität, Sinneseindrücke (sensation), Wahrnehmungen (perception), Affekte, Gedanken, Erinnerungen, Kontrolle über Körperbewegungen, Kontrolle über Verhalten. Sie kann komplett oder teilweise sein und variiert in der Ausprägung bis zu stündlich.

Es liegt kein direkter Effekt von Medikamenten oder Substanzen und keine Entzugssymptomatik vor. Die Symptome können nicht durch andere psychische Verhaltens- oder Entwicklungsstörungen, Schlaf-Wach-Störung, neurologische Störung oder anderer gesundheitliche Störung erklärt werden. Sie sind nicht Bestandteil kultureller, religiöser oder spiritueller Praktiken. Sie führen zu signifikanter Beeinträchtigung der Funktion im persönlichen, familiären, sozialen, schulischen, beruflichen oder anderen wichtigen Bereich.[127]

1.8.1 Dissoziativ-neurologische Symptomstörungen (DNSS)

Bei den dissoziativ-neurologischen Symptomstörungen geht es primär um körperliche dissoziative Symptome von Motorik und Sensorik. Auch einzelne psychische dissoziative Symptome wie dissoziatives Stimmenhören (das differentialdiagnostisch vom psychotischen Stimmenhören abgegrenzt werden muss) werden hier aufgeführt.

- DNSS mit visuellen Beeinträchtigungen (6B60.0):
  - Visuelle Verzerrungen,
  - Tunnelblick,
  - Halluzinationen, Blindheit
- DNSS mit akustischen Beeinträchtigungen (6B60.1): Akustische Halluzinationen (Unspezifisch):
  - Hörverlust,
  - dissoziatives Stimmenhören
- DNSS mit Schwindel oder Benommenheit (6B60.2)
- DNSS mit anderen sensorischen Beeinträchtigungen (6B60.3):
  - Brennen, Schmerzen, Kribbeln, Anspannung, Gefühllosigkeit,
  - oder andere Symptome im Zusammenhang mit Berührung,
  - Geschmack, Geruch,
  - Gleichgewicht, Tiefensensibilität,
  - Bewegungssinn oder Temperatursinn.
- DNSS mit nicht-epileptischen Krampfanfällen (6B60.4)
- DNSS mit Beeinträchtigungen des Sprechens (6B60.5):
  - Dysarthrie
- DNSS mit Parese oder Schwäche (6B60.6)
- DNSS mit Beeinträchtigungen des Gangs (6B60.7):

---
127 WHO (2019); siehe auch Gysi (2021)

– Ataxie u. a.
- DNSS mit Beeinträchtigungen der Bewegungen (6B60.8):
  – Chorea,
  – Myoklonus,
  – Tremor,
  – Dystonie,
  – Gesichtsspasmen,
  – Parkinsonismus,
  – Dyskinesien
- DNSS mit kognitiven Symptomen (6B60.9):
  – eingeschränkte kognitive Leistungsfähigkeit von Erinnerung, Sprache oder anderen kognitiven Bereichen

1.8.2 Dissoziative Amnesie

Die dissoziative Amnesie beschreibt Erinnerungslücken als singuläres dissoziatives Symptom. Amnesien im Rahmen einer (partiellen) dissoziativen Identitätsstörung sollen nicht separat diagnostiziert werden.

Dissoziative Amnesie (6B61): Unfähigkeit wichtige autobiografische Erinnerungen abzurufen, typischerweise von kürzlichen traumatischen oder stressvollen Ereignissen, unvereinbar mit normalem Vergessen. Dissoziative Amnesien können kürzliche Ereignisse beinhalten, jedoch auch länger zurückliegende biographisch wichtige Ereignisse betreffen.

Die verschiedentlich geäußerte Behauptung, dass traumatische Erfahrungen nicht vergessen werden können, wird von der WHO und deren ExpertInnen nicht unterstützt.

1.8.3 Dissoziative Trance

Bei der Trance-Störung (6B62) kommt es zu Trancezuständen mit passageren Bewusstseinsveränderungen oder Verlust des Gefühls der persönlichen Identität; zu Bewusstseins-Einengungen und Beschränkungen der motorischen Fähigkeiten. Der Zustand ist vorübergehend und unfreiwillig. Zudem kann bei der Trance-Besessenheitsstörung (**6B63**) das Gefühl auftreten, von einer anderen Kraft (Geist, Gottheit) beherrscht zu werden

1.8.4 Depersonalisations-/Derealisationsstörung

Depersonalisation und Derealisation beschreiben Beeinträchtigungen der Wahrnehmung von sich selbst und der Umgebung. Sie können komorbid bei verschiedenen anderen psychiatrischen Erkrankungen wie Depression, Sucht und Psychose auftreten.

Depersonalisations-/Derealisationsstörung (6B66)

- Depersonalisation: Sich selbst als fremd, unwirklich, losgelöst erleben, oder als wäre man ein Außen-Beobachter der eigenen Gedanken, Gefühle, Empfindungen, des Körpers oder der Handlungen.
- Derealisation: Andere Menschen, Objekte oder die Welt als fremd oder unwirklich erleben (z. B. wie in einem Traum, distanziere, neblig, leblos, farblos, oder visuell verzerrt), oder Gefühl des Getrenntseins von der Welt.
- Während Depersonalisation und Derealisation bleibt die Realitätsprüfung intakt.

1.8.5. Dissoziative Identitätsstörung (DIS)

Die Weltgesundheitsorganisation hat, basierend auf der Forschung in den vergangenen dreißig Jahren, die Dissoziative Identitätsstörung (DIS) im Juni 2019 offiziell und weltweit verbindlich als neue Diagnose anerkannt und in das überarbeitete und verbesserte Diagnostikmanual ICD-11 aufgenommen.[128] Der überholte Begriff der ›multiplen Persönlichkeit‹ wurde nicht mehr verwendeter Begriff. Die Dissoziative Identitätsstörung (Code im ICD-11 6B64) wird darin als eine Störung beschrieben, bei der zwei oder mehr unterschiedliche Persönlichkeitszustände auftreten. Zwischen den Persönlichkeitszuständen können amnestische Barrieren auftreten: Die einen Persönlichkeitszustände wissen manchmal nicht oder nur reduziert, was der andere Zustand macht, und umgekehrt. Zusätzlich wurde die Diagnose der partiellen DIS aufgenommen. Diese Entscheidung trägt

---

128 WHO (2019)

der Tatsache Rechnung, dass häufig nicht das Vollbild einer DIS vorliegt – sondern eine stabile dominante »Alltagspersönlichkeit«, in den andere Persönlichkeitszustände in Form von komplexen Intrusionen hineinwirken und die »Alltagspersönlichkeit« in seiner Funktionalität beeinträchtigen. Bei dem Vollbild der DIS dagegen übernehmen verschiedenen »alltagstaugliche« Persönlichkeitszustände wechselweise die Kontrolle. Sowohl das Vollbild der DIS als auch partielle DIS profitieren von störungsspezifischen Interventionen, die darauf abzielen, abgespaltenen Persönlichkeitszustände aktiv mit in die Therapie einzubeziehen.

ICD-11: 6B64 Dissoziative Identitätsstörung

- Zwei oder mehr Persönlichkeitszustände (*personality states*),
- Unterbrechungen von Selbsterleben und Selbstwirksamkeit
- Jeder Persönlichkeitszustand
  - Eigenes Muster von Erleben, Wahrnehmen, Erfassen und Interagieren mit sich selbst, dem eigenen Körper und der Umgebung
- Persönlichkeitszustände übernehmen wiederholt die exekutive Kontrolle des Bewusstseins und des Handelns
  - in zwischenmenschlichen Interaktionen, im Austausch mit der Umwelt, und in verschiedenen Lebensbereichen wie Elternschaft, Arbeit, oder in Reaktion auf spezifische Situationen (z. B. als bedrohlich erlebte Situationen)

ICD-11: 6B65 Partielle dissoziative Identitätsstörung

- Zwei oder mehr Persönlichkeitszustände (*personality states*),
- Unterbrechungen von Selbsterlebens und Selbstwirksamkeit
- Jeder Persönlichkeitszustand
  - eigenes Muster von Erleben, Wahrnehmen, Erfassen und Interagieren mit sich selber, dem eigenen Körper und der Umgebung
- Ein Persönlichkeitszustand ist dominant und wird durch nicht-dominante Persönlichkeitszustände beeinträchtigt.
- Dissoziative Intrusionen verbunden mit Veränderungen von
  - Empfindungen,

- Wahrnehmung,
- Affekten,
- Kognitionen,
- Erinnerung,
- motorischer Kontrolle und Verhalten
• Beeinträchtigung des Funktionierens des dominanten Persönlichkeitszustandes, wird als störend erlebt

Schlussfolgerungen

Durch die Einführung der DIS in die ICD-11 wird der aktuellen Studienlage, dass es sich hierbei um ein valides Krankheitsbild handelt, angemessen Rechnung getragen. Mit der partiellen DIS steht eine weitere Klassifikation zur Verfügung, welche ermöglicht, dass auch Patientinnen mit weniger schweren Ausprägungen angemessen diagnostiziert und den entsprechenden störungsspezifischen Therapieinterventionen zugeführt werden können. Der Begriff der Konversion wird ganz gestrichen, stattdessen erfolgt eine ausführliche Darstellung pseudo-neurologischer Funktionsstörungen als Somatoforme Dissoziation.

2 Wie entstehen Dissoziative Störungen?

2.1 Zusammenhang von Trauma und Dissoziation

Schon in den frühen Fallbeschreibungen der dissoziativen Störungen wurde ein Zusammenhang zwischen traumatischen Erfahrungen und Dissoziation beschrieben.[129] In den letzten 25 Jahren konnte dieser Zusammenhang zwischen Trauma und Dissoziation durch retrospektive und prospektive Studien gut belegt werden.[130] Insbesondere kindliche Traumatisierungen in Form von emotionaler, körperlicher und sexueller Misshandlung begünstigen die Entwicklung dissoziativer Symptome und Störungen. Neben diesen Faktoren spielen aber auch emotionale Vernachlässigung und elterliches Fehlverhalten eine ähnlich gravierende Rolle. Die Bindungsforschung hat durch ihre unmittelbare Beobachtung der Interaktion zwischen dem Kind und seinen Beziehungspersonen wichtige Aufschlüsse zum Zusammenhang zwischen Bindung (insbesondere bei desorganisierter Form) und Dissoziation erbracht. So können auch traumatische Erinnerungen der Eltern durch ängstliches oder ängstigendes Verhalten in der Eltern-Kind-Interaktion transgenerational weitergegeben werden.

---

129 u. a. Janet (1889); Prince (1906)
130 siehe Bremner (2010); Nijenhuis et al. (2004); Gast (2003); Dalenberg et al. (2012)

> **Kasten 5: Trauma und Dissoziation**
>
> Kinder, die Traumatisierungen in Form von emotionaler, körperlicher und sexueller Misshandlung ausgesetzt sind, haben ein erhöhtes Risiko zur Entwicklung dissoziativer Symptome und Störungen. Daneben spielen aber auch emotionale Vernachlässigung und elterliches Fehlverhalten und desorganisierte Bindungsform eine ähnlich gravierende Rolle. Auch können traumatische Erinnerungen der Eltern durch ängstliches oder ängstigendes Verhalten in der Eltern-Kind-Interaktion transgenerational weitergegeben werden. Von dissoziativen Störungen kann daher nicht zwangsläufig auf Gewalt in der Kindheit geschlossen werden. Bei Depersonalisations- und Derealisationsstörungen wird häufig emotionaler Missbrauch in der Kindheit gefunden[131], Bei komplexen dissoziativen Störungen, insbesondere bei Dissoziativer Identitätsstörung finden sich in ca. 90 % schwere frühkindliche Traumatisierungen in Form von sexueller, körperlicher und emotionaler Gewalt.[132] Traumatisierte Kinder kommen in einer traumatogenen Umwelt in ihrem Alltag besser zurecht, wenn sie traumatische Erfahrungen konsequent »ausblenden«.[133]

2.1.1 Retrospektive Studien

Hierzu liegt eine Reihe von *Korrelationsstudien* bzw. von quasi-experimentellen Gruppenvergleichen vor, die übereinstimmend auf einen Zusammenhang zwischen dem Vorliegen von Kindheitstraumatisierungen und dem Ausmaß an dissoziativen Symptomen hinweisen. Eine *Meta-Analyse* von über 38 Studien zeigt einen positiven Zusammenhang zwischen sexuellen Gewalterfahrungen in der Kindheit und späteren Symptomen in den Bereichen Angst, Wut, Depression, Retraumatisierung, Selbstverletzung, sexuelle Probleme, Zwanghaftigkeit, Dissoziativität,

---

131 Spiegel D et al. (2011)
132 Dalenberg et al. (2012)
133 MacFie et al. (1999)

posttraumatische Reaktionen und Somatisierung.[134] Dieser Zusammenhang bleibt auch bestehen, wenn die Daten hinsichtlich Phantasieneigung kontrolliert werden.[135] Alle Studien geben als retrospektive Zusammenhangsanalysen Hinweise im Sinne von Indizien auf eine kausale Verbindung zwischen Kindheitstraumata und einer späteren dissoziativen Störung.

2.1.2 Prospektive Studien

Bei der ersten prospektiven Studie handelt es sich um eine Longitudinalstudie mit einer Stichprobe von N = 130 Kindern und einem Langzeitverlauf von 19 Jahren, in der das Bindungsverhalten und der Zusammenhang zu dissoziativem Verhalten und psychopathologischen Auffälligkeiten in der Adoleszenz untersucht wird.[136] Als Stichprobe diente die Minnesota-poverty-sample-Studie.[137] Desorganisiertes Bindungsverhalten, das als Indikator für traumatische Erfahrungen gilt, erwies sich als signifikanter Prädiktor für späteres dissoziatives Verhalten. Außerdem fand sich ein signifikanter Zusammenhang zwischen diesem Bindungsstil und psychopathologischen Auffälligkeiten. Aus der Stichprobe konnten drei Jugendliche mit dissoziativen Störungen identifiziert werden, alle drei wiesen als Kind eine desorganisierte Bindung mit der Mutter auf. Ähnliche Ergebnisse werden einige Jahre später in der Studie von Dutra und Lyons-Ruth ebenfalls gefunden.[138]

Eine weitere methodisch sehr aufwendige Studie von McFie[139] untersucht das Ausmaß dissoziativer Symptome bei missbrauchten versus nicht missbrauchten Vorschulkindern (N = 199) über einen längeren Zeitraum. Traumatisierte Kinder zeigten sowohl zu Beginn der Messung als auch bei dem zweiten Messpunkt nach einem Jahr mehr dissoziative Prozesse als nicht traumatisierte Kinder. Zudem stieg der Grad an Dissoziation bei

---

134 Neumann et al. (1996)
135 Dalenberg et al. (2012)
136 Carlson (1998)
137 Ogawa et al. (1997)
138 Dutra et al. (2009)
139 MacFie et al. (1999)

traumatisierten Kindern zwischen Messpunkt 1 und 2 an, während er bei nicht traumatisierten Kindern zurückging. Die Ergebnisse wurden von den Autoren dahingehend interpretiert, dass mit zunehmendem Alter der Kinder die Dissoziation durch physiologische Reifung abnimmt, während traumatisierte Kinder dissoziative Mechanismen offensichtlich als Coping-Strategie »brauchten«. Auch hier finden sich Bestätigungen in den Studien von Hulette, Freyd und Fisher[140] sowie Trickett, Noll und Putnam[141]. Diese Studien gehen davon aus, dass es eine physiologische Dissoziation im Kindesalter gibt: Bei zu viel oder zu wenig Reizen gehen kleine Kinder spontan in Trance oder in Tagträume. Auch können sie nicht immer sicher zwischen Phantasie und Wirklichkeit unterscheiden. Diese Dissoziationsneigung »verwächst« sich im Laufe der Entwicklung und Zunahme der Realitätskontrolle – nicht jedoch bei traumatisierten Kindern. Diese »brauchen« weiterhin die Dissoziation. Traumatisierte Kinder in einer traumatogenen Umwelt kommen in ihrem Alltag besser zurecht, wenn sie traumatische Erfahrungen konsequent »ausblenden«.[142] Diese ursprüngliche Notfall-, Schutz- und Anpassungsmaßnahme an unerträgliche Belastungen kann sich jedoch zu einem chronischen und sehr umfassenden Vermeidungs- und Verleugnungsverhalten entwickeln.

Ferner wurde eine Studie von Diseth publiziert,[143] in der ein deutlicher Zusammenhang zwischen gut dokumentierten, medizinischen Traumatisierungen und einer anschließenden dissoziativen Symptomatik im Erwachsenenalter berichtet wurde. Es handelt sich hierbei um Kinder, die ohne einen Darmausgang (Analatresien) zur Welt kommen und die zur Korrektur dieser Anomalie sehr schmerzhaften Behandlungen ausgesetzt waren. Diese Studien belegen, dass die Schwere der Dissoziation im Erwachsenenalter mit dem Alter und dem Beginn der Traumatisierung zusammenhängt, ein Befund, der für eine besondere Vulnerabilität im frühen Kindesalter spricht.

---

140 Hulette, Freyd & Fisher (2011)
141 Trickett, Noll & Putnam (2011)
142 So die Interpretation der prospektiven Studien von McFie (1999) und Ogawa et al. (1997)
143 Diseth (2006)

2.1.3 Prävalenz belastender Lebensereignisse bei dissoziativer (Identitäts-)Störung

Angesichts der bisher beschriebenen empirischen Ergebnisse zum Zusammenhang zwischen Trauma und Dissoziation ist es naheliegend, dass in Stichproben von hoch-dissoziativen Patientinnen die Prävalenz von traumatischen Erfahrungen besonders hoch sein muss. So wurde in einer Reihe von Studien aus Nordamerika und Europa übereinstimmend über lang andauernde schwere frühkindliche Traumatisierungen berichtet, meist in Form von sexueller Gewalt, häufig verbunden mit körperlicher und emotionaler Misshandlung sowie extremer Vernachlässigung. Entsprechende Vorerfahrungen wurden regelmäßig von über 90 % der befragten Patientinnen berichtet.[144] Im Vergleich hierzu liegen die Prävalenzraten für Borderline-Patientinnen bei 50–75 %.[145] Dalenberg und Kollegen (2010) liefern in ihrem Review zur Evidenz des Trauma- und soziokulturellen Modells der Dissoziation eine Übersicht über den Zusammenhang zwischen Trauma und der Diagnose einer dissoziative Störung.

Obgleich zahlreiche Studien über den Zusammenhang von Trauma und Dissoziation in unterschiedlichen Populationen existieren, ist deren Interpretation durch methodologische Unstimmigkeiten erschwert. Dalenberg et al. (2012) geben eine methodisch gut recherchierte Übersicht über Studien, die (1) Effektstärken über den Zusammenhang von Trauma und Dissoziation bereitstellten oder sich aus den Daten errechnen ließen, (2) Teilnehmer ohne traumatische Erfahrungen in die Analyse eingeschlossen, (3) eine Stichprobengröße von > 50 aufwiesen und (4) Teilnehmer/innen aus klinischen Populationen oder der Allgemeinbevölkerung inkludierten. Die Ergebnisse zeigen, dass der durchschnittliche Zusammenhang zwischen Trauma und Dissoziation bei r. = 32 liegt. Bei sexuellem Missbrauch konnte eine Korrelation von r. = 31, bei physischem Missbrauch von r. = 27 errechnet werden. Während Dalenberg und Kollegen Studien, die sich auf den Effekt von emotionalem Missbrauch auf Dissoziation beziehen, von der Auswertung ausgeschlossen haben, zeigen neuere Ergebnisse, dass erlebter emotionaler Missbrauch ebenfalls mit

---
144 Gleaves (1996); Gleaves et al. (2001); Nijenhuis et al. (2004)
145 Laporte et al. (2011); Ball & Links (2009)

dissoziativem Erleben zusammenhängt (Haferkamp, Bebermeier, Mölle-ring, & Neuner, 2015). Der Zusammenhang zwischen traumatischen Erfahrungen und dissoziativem Erleben stellt sich keineswegs als unscharf, sondern als durchweg konsistent und hinsichtlich der Stärke moderat dar. Dies bestätigen auch zwei Metaanalysen.[146]

In der Metaanalyse von Vanderlin und Kollegen[147] wird der Zusammenhang zwischen frühkindlichen, traumatischen Erfahrungen (u. a. Missbrauch und Vernachlässigung) und dem Erleben von Dissoziation betrachtet. In Konkordanz mit früheren Studien fanden die Autoren auch hier einen deutlichen Zusammenhang zwischen Dissoziation und traumatischen Erfahrungen. Menschen mit diesen Erfahrungen wiesen höhere Dissoziationswerte (gemessen mit dem Dissociative Experience Scale – DES) auf als Menschen ohne Erfahrungen von Missbrauch und/oder Vernachlässigung. Die Studie trägt ebenso zum Verständnis von Moderatoren des o. g. Zusammenhangs bei. So konnte gezeigt werden, dass ein früher Beginn und die Dauer der traumatischen Erfahrungen (je länger anhaltend, desto schlimmer) sowie innenfamiliäre Traumatisierung zu stärkerer Dissoziation bei den Betroffenen führte (▶ Tab. 3).

Tab. 3: Metaanalytische Evidenz für den Zusammenhang zwischen traumatischen Kindheitserfahrungen und Dissoziation

	Dalenberg et al., 2012	Vanderlin et al., 2018
Betrachtete Studien (N)	38	65
Betrachtete Individuen (N)	Keine Angaben	7352
Art der Traumatisierung	Missbrauch • Physisch • Sexuell	Missbrauch • Physisch • Sexuell • Emotional

---

146 Vanderlin et al. (2018); Rafiq et al. (2018)
147 Vanderlin et al. (2018)

Tab. 3: Metaanalytische Evidenz für den Zusammenhang zwischen traumatischen Kindheitserfahrungen und Dissoziation – Fortsetzung

	Dalenberg et al., 2012	Vanderlin et al., 2018
		Vernachlässigung • Physisch • Emotional
Abhängige Variable	DES Summenwert	DES Summenwert
Prädiktoren für stärkere Dissoziation (Trauma-Charakteristika, die späteres dissoziatives Erleben vorhersagen)	Keine Angaben	• Junges Alter • Art der Traumatisierung • Dauer der Traumatisierung • Penetration • Missbrauch durch die Eltern/primären Bezugspersonen
Ergebnisse	Stärkere Dissoziationswerte bei: • Personen mit ggü. Personen ohne Erfahrungen von Missbrauch • sexuellem Missbrauch ggü. physischem Missbrauch	Stärkere Dissoziationswerte bei: • Personen mit ggü. Personen ohne Erfahrungen von Missbrauch und/oder Vernachlässigung • kombinierter Traumatisierung (physischer und sexueller > physisch oder sexueller Missbrauch) • Missbrauch (physisch oder sexuell) > Vernachlässigung

Die Formen der Traumatisierungen von DIS-Patientinnen sollen hier durch die Untersuchung von Putnam et al.[148] exemplarisch vorgestellt werden. Sie kam zu folgenden Ergebnissen (► Abb. 6).

---

148 Putnam et al. (1986)

2.1 Zusammenhang von Trauma und Dissoziation

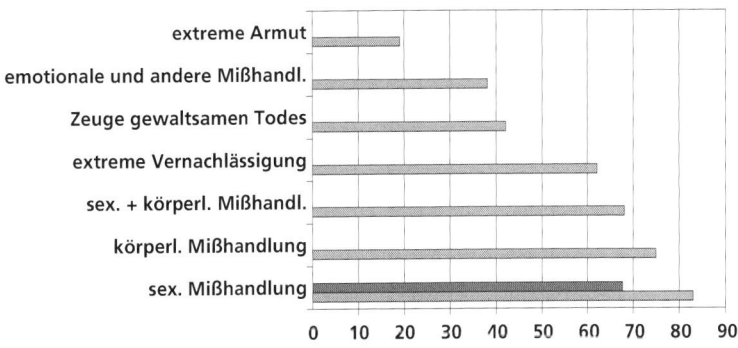

Angegeben ist jeweils, wie viel Prozent der 100 untersuchten Patientinnen und Patienten über Traumatisierungen in den genannten Bereichen berichten. Bei sexuellen Traumatisierungen wurde zusätzlich zur Gesamtzahl (grauer Balken) erfasst, wie hoch dabei der Anteil inzestuöser Traumatisierungen (dunkler Balken) ist.

Abb. 6: Häufigkeit verschiedener Arten von Kindheits-Traumata bei 100 DIS-Patientinnen (%); NIMH-Untersuchung von Putnam et al., 1986

Sexuelle Gewalt ist die am häufigsten berichtete Form der Traumatisierung bei Patientinnen mit Dissoziativer Identitätsstörung, meist in Form von Inzest. Häufig handelt es sich um Vater-Tochter-Inzest oder Stiefvater-Stieftochter-Inzest, aber auch von Mutter-Tochter-, Mutter-Sohn- oder Geschwister-Inzest oder inzestuöser Beteiligung mehrerer Familienmitglieder wird berichtet. Neben den Berichten von oralen, genitalen und analen sexuellen Kontakten wird auch regelmäßig über ungewöhnliche »Hygienepraktiken« berichtet, die in sexuell und körperlich missbräuchlicher Form bei den Patientinnen durchgeführt wurden.

Vergleicht man den sexuellen Missbrauch, der von Patientinnen mit Dissoziativer Identitätsstörung berichtet wurde, mit den Aussagen von anderen Missbrauchsopfern, so fällt nach Putnam die extrem sadistische Qualität auf, die DIS-Patientinnen regelmäßig erwähnen. Extreme Gewaltanwendung in Form von Fesselungen, Penetration von Vagina, Mund und Anus mit Instrumenten sowie verschiedene Formen von physischer und sexueller Folter werden berichtet. Viele Patientinnen mit DIS erzählen, dass sie von verschiedenen Tätern oder Tätergruppen sexuell missbraucht wurden, zu Kinderprostitution gezwungen oder von Familienmitgliedern oder von Partnern der Mutter als Sexualobjekt angeboten wurden.

2 Wie entstehen Dissoziative Störungen?

Über körperliche Gewalt wird zusätzlich von ca. 75% aller DIS-Patientinnen in verschiedenen Studien berichtet. Die Gewalterfahrung reicht von Mit-Fäusten-Geschlagen-Werden bis zu bizarren Formen körperlicher Folter. Schlagen mit Gegenständen, Verbrennungen mit Streichhölzern oder Bügeleisen, Schneiden mit Rasierklingen oder Glas sind häufig berichtete Erfahrungen. Viele Patientinnen schildern körperliche Misshandlungen, die in ritualisierter Form von den Missbrauchern praktiziert werden, häufig verbunden mit der Erklärung, dass sie dadurch »gereinigt« würden. Einige DIS-Patientinnen berichten zudem von Misshandlungen im Kontext von satanischen und Kult-Ritualen.

Es wurden ebenfalls verschiedene Formen von emotionalem Missbrauch berichtet. Lächerlich machen, Erniedrigungen, Verunglimpfungen und Schuldzuweisungen wurden häufig systematisch in der Kindheit auf die Patientinnen angewandt. Auch wenn keine reale körperliche Misshandlung praktiziert wurde, wurden viele Kinder mit Androhungen von schwerer Strafe und Gewalt eingeschüchtert. Verschiedene Gegenstände oder sogar Haustiere wurden vor den Augen der Kinder zerstört, als Machtdemonstration dafür, was ihnen zustoßen könnte, wenn sie nicht gehorchen. Viele Kinder wurden von anderen isoliert und ihnen wurde verboten, Spielkameraden zu haben. Sie wurden in ihren Möglichkeiten behindert, zu lernen, praktische Fähigkeiten zu erwerben oder basale medizinische Hilfe in Anspruch zu nehmen.

In den wenigen Fällen, in denen weder Missbrauch noch Misshandlung festgestellt wurden, spielten zumeist andere schwere Traumatisierungen eine Rolle, z.B. extreme Armut oder Zeuge werden von Kriegshandlungen, bei denen eigene Angehörige ums Leben kamen. Auch Traumatisierungen durch langwierige medizinische Eingriffe, verbunden mit Deprivation, lagen bei einigen Patientinnen vor. Es blieben zudem einige Fälle, in denen sich keine solchen schwerwiegenden Belastungssituationen in der Lebensgeschichte der Patientinnen finden ließen (in ca. 2–3% der Fälle[149]) worauf weiter unten im Zusammenhang mit der Bindungsforschung noch eingegangen wird.

---

149 Putnam et al. (1986); Schultz et al. (1989)

2.1.4 Traumatisierungen im Kontext organisierter und ideologisch begründeter Gewalt

Eine Untergruppe von DIS-Patientinnen berichtet laut ISSTD-Guidelines von sadistischem, ausbeutendem, erzwungenem Missbrauch durch organisierte Tätergruppen. Diese Art von systematischen Missbrauch quält Menschen durch extreme Kontrolle in der kindlichen Umwelt und geht oft mit Traumatisierung durch mehrere Täter einher. Organisierter Missbrauch kann in Pädophilennetzwerken, Kinderpornografie- oder Kinderprostitutionsringen, verschiedenen »pseudoreligiösen« Gruppen oder Kulten, Multigenerations-Familiensystemen und Netzwerken, die Menschenhandel oder Prostitution betreiben, stattfinden. Der Missbrauch beinhaltet Aktivitäten, die sexuell pervers, entsetzlich und sadistisch sind. Es kann sein, dass Kinder gezwungen werden, dem Missbrauch anderer beizuwohnen oder sich daran zu beteiligen.[150]

In dem Buch »Jenseits des Vorstellbaren« werden umfassende Phänomene von organisierter Gewalt in ideologischen Kontexten – sog. rituelle Gewalt – beschrieben – sowohl von Seiten der kanadischen Therapeutin A. Miller, als auch von den von ihr behandelten Überlebenden.[151]

Auch in Deutschland gibt es inzwischen umfangreiche Recherchen[152] und Studien[153] zu dem Thema. Die »Unabhängige Beauftragte für Fragen des sexuellen Kindesmissbrauchs«[154] in Deutschland definiert organisierte sexualisierte Gewalt als »systematische Anwendung schwerer sexualisierter Gewalt in Verbindung mit körperlicher und psychischer Gewalt durch mehrere Täter und/oder Täterinnen oder Täternetzwerke. Häufig ist sie mit kommerzieller sexueller Ausbeutung, wie zum Beispiel Zwangsprostitution oder der Herstellung von Missbrauchsdarstellungen verbunden«. Von Ritueller Gewalt wird gesprochen, wenn »eine Ideologie als Begrün-

---

150 nach ISSTD-Guidelines 2011; siehe Gast & Wirtz (2022), S. 117 ff
151 Miller (2015)
152 Fröhling (2008), siehe auch das Infoportal Rituelle Gewalt [https://www.infoportal-rg.de]
153 Kownatzki et al. (2012); Fliß & Igney (2008); Nick & Richter-Apelt (2016); Nick et al. (2019); Unabhängige Beauftragte für Fragen des sexuellen Kindesmissbrauchs (2021)
154 Unabhängige Beauftragte für Fragen des sexuellen Kindesmissbrauchs (2021)

dung oder Rechtfertigung von Gewalt« dient. Sie kann sich aus einer religiösen oder politischen Überzeugung, zum Beispiel rassistisch oder faschistisch ableiten. In diesem Kontext berichten Betroffene zudem »von verschiedenen Formen der Bewusstseinsspaltung und -manipulation«, bei denen Persönlichkeitsanteile vorsätzlich und absichtsvoll geformt würden, »die von den Tater:innen gezielt für ihre Zwecke trainiert und genutzt« wurden.[155] In einer Untersuchung der »Unabhängigen Kommission zur Aufarbeitung sexuellen Kindesmissbrauchs« berichteten viele Betroffene von zielgerichteter Gewalt, um »sie gefügig zu machen und gewünschte Verhaltensweisen anzutrainieren, bis hin zu Bewusstseinsmanipulation«[156].

Opfer von organisiertem Missbrauch, insbesondere bei fortdauernden missbrauchenden Handlungen, sind oft die am stärksten traumatisierte dissoziative Patientengruppe. Sie sind am anfälligsten für selbstverletzendes Verhalten und ernsthafte Suizidversuche. Häufig bestehen stark ambivalente Bindungen zu primären Tätern, und meist zeigen sie komplexe Formen von DIS. Bei manchen dieser schwer traumatisierten Patientinnen tritt zunächst eine ausgeprägte Amnesie für weite Teile ihrer Vergangenheit auf, und die Geschichte des organisierten Missbrauchs offenbart sich erst im weiteren Verlauf der Behandlung.[157]

Um das Ausmaß der Traumatisierung durch besonders schwerwiegende Formen der Gewalt zu markieren und die damit verbundenen besonderen therapeutischen Herausforderungen zu signalisieren, führt Gysi den Begriff der Typ-III-Traumatisierung ein.[158] Er ergänzt damit die in der Wissenschaft etablierte Kategorisierung in Typ I-Trauma (Monotrauma) und Typ-II Trauma (Mehrfachtrauma) von Terr.[159] Kernelement der Typ-III-Traumatisierung ist die gezielte Absicht einer informierten und organisierten Täterschaft zur Schädigung, um systematisch Kontrolle über das Opfer zu erreichen. Diese Unterscheidung hat wichtige therapeutische Implikationen, weil für die Behandlung spezifisches Wissen zu organi-

---

155 [Nick et al. (2019)
156 Walther & Briken (2022)
157 siehe Übersichtsartikel Nick et al. (2022)
158 Gysi (2021)
159 Terr (1991)

sierter Gewalt erforderlich ist und die Psychotherapie durch das bewusste und absichtsvolle Vorgehen einer Täterschaft erschwert sein kann.[160] Zudem müssen sich Therapeutinnen der zusätzlichen Risiken von Sekundär-Traumatisierungen bewusst sein.[161]

2.1.5 Dissoziation und Bindung

Neben traumatischen Erlebnissen und Faktoren spielen auch emotionale Vernachlässigung und elterliches Fehlverhalten eine ähnlich gravierende Rolle. Die Bindungsforschung hat durch ihre unmittelbare Beobachtung der Interaktion zwischen dem Kind und seinen Beziehungspersonen wichtige Aufschlüsse zum Zusammenhang zwischen Bindung und Dissoziation erbracht.

Ein wichtiges Instrument ist hier eine standardisierte Untersuchungssituation, die nach ihrer Autorin benannte Ainsworth-Strange-Situation.[162] Es handelt sich dabei um eine strukturierte Beobachtungssituation im Labor, bei der einjährige Kinder einer moderat stressvollen Situation in Form einer kurzen Trennung von ihren Eltern ausgesetzt werden. Beobachtet wird das Verhalten des Kindes während der Trennung von der Bezugsperson sowie nach deren Rückkehr in den Untersuchungsraum. Im Rahmen dieses Forschungssettings wurden anhand der kindlichen Verhaltensweisen vier charakteristische Bindungsmuster identifiziert: Das sichere Bindungsverhalten, das unsicher-vermeidende sowie das unsicher ambivalente Verhalten und schließlich das hier besonders interessierende desorganisierte/desorientierte Bindungsverhalten.

Bei Kindern mit desorganisiertem/desorientiertem Bindungsverhalten wurden charakteristische Verhaltensweisen beobachtet, die eine phänotypische Ähnlichkeit zu dissoziativen Symptomen bei Erwachsenen aufwiesen, nämlich tranceähnliche Zustände und dissoziiert erscheinende Handlungsabläufe wie z. B. verlangsamtes oder »eingefrorenes« Bewegungs- und Ausdrucksverhalten, erstarrte Gesten mit in der Luft erhobe-

---

160 Gysi (2020), S. 34
161 Nick et al. (2019)
162 Ainsworth et al. (1978)

2 Wie entstehen Dissoziative Störungen?

nen Armen und Händen etc.[163] In dieser Population mit desorganisiertem/ desorientierten Bindungsverhalten fand sich ein sehr hoher Anteil von misshandelten Kindern. Diese Befunde unterstützen die Vermutung von Putman,[164] dass es bei traumatisierten Kindern zu einer mangelnden Modulierung und fehlenden Integration verschiedener angeborener »states« kommt. Wie in den prospektiven Studien bereits beschrieben, zeigt sich im Langzeitverlauf, dass der desorganisierte/desorientierte Bindungsstil ein wichtiger Prädiktor für die spätere Entwicklung einer dissoziativen Störung ist.[165]

Von besonderem Interesse waren für Main und Hesse[166] aber auch die Unterstichproben von Kindern mit desorganisiertem/desorientiertem Bindungsmuster und gleichzeitig *niedrigem* Trauma-Risiko. Sie befragten die Eltern dieser Unterstichprobe über mögliche eigene traumatische Erfahrungen (z. B. über Missbrauch durch Beziehungspersonen oder den Tod nahestehender Personen). Nachgewiesene mikro-dissoziative Pausen (»lapses«) im Gesprächverlauf, wenn die Eltern über die erfragten traumatischen Erfahrungen berichten, erwiesen sich hierbei als Prädiktor für ein desorganisiertes/desorientiertes kindliches Bindungsmuster. Main und Hesse nehmen an, dass das Verbindungsstück zwischen elterlichen Gesprächslücken und kindlichem desorganisierten Verhalten in Episoden liegt, in denen das elterliche Verhalten ängstlich oder angstmachend wirkt. Vermutlich reagieren die Eltern in diesen Episoden auf partiell dissoziierte Trauma-Erinnerungen, die durch die Interaktion mit dem Kind angestoßen wurden. Dieses induzierte, ursprünglich traumagenerierte elterliche Verhalten konfrontiert das Kind mit so widersprüchlichen Signalen, dass es zu einem Zusammenbruch von Verhaltens- und Aufmerksamkeitsstrategien kommt, wie dies bei desorganisiertem Bindungsverhalten zu beobachten und durch die »lapses« im Untersuchungsgespräch vorhersehbar ist.

Main und Morgan[167] nahmen ferner an, dass traumatische Erinnerungen, die ängstliches oder ängstigendes Verhalten der Eltern hervorrufen,

---

163 Main & Hesse (1990); Liotti (1992; 1993; 1999); Main & Morgan (1996)
164 Putnam (1994)
165 Carslon (1998)
166 Main & Hesse (1990; 1992)
167 Main & Morgan (1996)

sich später bei einigen Kindern als persönliche (aber falsche) Erinnerung an ein eigenes Trauma, das der von den Eltern erlebten Katastrophe ähnelt, »vermischen« kann, da das kindliche Bewusstsein in den Situationen tranceähnlich verändert war, in denen es das ängstliche/ängstigende elterliche Verhalten beobachtete.[168] Diese Thesen stellen im Zusammenhang mit der Erinnerungsforschung einen wichtigen Beitrag dar, um sowohl die transgenerationelle Weitergabe von traumatischen Erfahrungen als auch die Entstehung von Pseudo-Erinnerungen verständlich zu machen.

2.2 Trauma, Dissoziation und Hirnentwicklung

Ständige traumatische Erfahrungen im Kindesalter haben gravierende Auswirkungen auf die Hirnentwicklung. Wichtige Aufschlüsse darüber, wie sich Bindung im Zusammenhang mit der frühkindlichen Hirnentwicklung vollzieht, und wie sich Bindungsstörungen und Dissoziation auf neurobiologischer Ebene erklären lassen, geben die Darstellungen von Allan N. Schore.[169] Er zeigt auf, dass die Entwicklung der Bindungsbeziehung eng mit der Entwicklung des Gehirns, insbesondere mit der Reifung des Occipitallappens verbunden ist. Eine mangelnde empathische Regulierung und Spiegelung durch die Mutter, verbunden mit häufiger Aktivierung von Selbsterhaltungssystemen, kann unsicheres Bindungsverhalten bahnen sowie Veränderungen auf der Ebene des Zentralnervensystems im Sinne chronischer Stessreaktionen hervorrufen.

Zudem weiß man inzwischen, dass spezifische Hirnareale bestimmte Zeitfenster der Entwicklung haben, in der sie für Schädigungen besonders anfällig sind. Diese sensiblen Zeitfenster liegen für den Hippocampus zwischen dem 3. und 5. Lebensjahr und später nochmals zwischen dem 11. und 13. Lebensjahr. Der Corpus callosum wiederum ist vom 9. bis zum 10. Lebensjahr, der präfrontale Cortex vom 14. bis zum 16. Lebensjahr be-

---

168 ebenda
169 Schore (2013)

sonders störanfällig. Forschungsergebnisse deuten zudem darauf hin, dass frühkindlicher Missbrauch nicht bloß die Wahrscheinlichkeit für die spätere Entwicklung einer psychischen Störung (u. a. dissoziativer Störungen) erhöht, sondern sich auch in biologischen Subtypen verschiedener Störungen manifestieren kann.[170] Denkbar wäre, dass sexueller Missbrauch, wenn er in den für den Hippocampus sensiblen Zeitfenstern erfolgt, die Entwicklung dissoziativer Störungen, insbesondere mit dissoziativen Amnesien begünstigt. Auch gibt es eine Reihe von Befunden, die zeigen, dass früher sexueller Missbrauch sowie andere Misshandlungen das sensorische System beeinflussen. So findet man sowohl bei sexuellem Missbrauch als auch bei der Zeugenschaft häuslicher Gewalt eine Substanzveränderung im visuellen Cortex mit deutlicher Volumenminderung der Grauen Substanz. Auch die Leitungsbahnen zum Limbischen System sind beeinträchtigt. Bei Menschen, die als Kind ausschließlich verbale Gewalt erlebt haben, kann man eine Veränderung im auditiven Cortex nachweisen: Hier ist die Graue Substanz vermehrt und die Weiße Substanz vermindert. Die Weiterleitung sowohl zum Sprach- bzw. Wernicke-Zentrum als auch zum Sprech- bzw. Broca-Zentrum sind beeinträchtigt. Solche Formen von Gewalt könnten spezifische somatoforme Dissoziation begünstigen.

2.3 Neurobiologie und DIS

Neurobiologische Studien zur Dissoziation liegen in Form von neuroanatomischen und psychophysiologischen Messungen vor. Bei den neuroanatomischen Befunden bei DIS-Patientinnen steht der Amygdala-Hippocampus-Komplex im Zentrum der Betrachtung, da dissoziative Symptome des Gedächtnisses mit einer Dysfunktionalität dieser Strukturen in Zusammenhang gebracht werden. Wie auch bei Borderline-Pati-

---

170 Teicher & Samson (2013)

entinnen mit positiver Traumaanamnese[171] fand man bei 21 Patientinnen mit komplexen dissoziativen Störungen (DIS/NNBDS) spezifische Atrophien, insbesondere im Bereich des bilateralen Hippocampus, des Gyrus parahippocampalis und der Amygdala. In der Debatte über neurologische Korrelate stimmen die Befunde abnorm kleiner Hippocampi bei DIS-Patientinnen[172] mit der posttraumatischen Genese der Erkrankung überein. Neurobiologisch weisen Patientinnen mit DIS abnorm kleine Hippocampi auf.[173] Diese Befunde werden als Ausdruck chronischer neurotoxischer Stressoren angesehen und stimmen mit der posttraumatischen Genese der Erkrankung überein. Ergebnisse einer Metaanalyse[174] sowie die Befunde abnorm kleiner Hippocampi bei erwachsenen DIS-Patientinnen befinden sich in Übereinstimmung mit der posttraumatischen Genese der Erkrankung.

Die aktuelle Befundlage spricht dafür, dass zusätzlich zum Trauma weitere Risikofaktoren, nämlich ein hoher posttraumatischer Stresslevel sowie verminderte Möglichkeiten der Affektregulation,[175] erforderlich sind, um dissoziative Symptome zu entwickeln.

Nijenhuis und Kollegen haben ihre Theorie in neurobiologischen Studien an DIS-Patientinnen überprüft. In funktionellen Hirnuntersuchungen fanden sie je nach aktiviertem Persönlichkeitszustand unterschiedliche psychobiologische Reaktionsweisen: Reinders et al.[176] untersuchten Patientinnen mit DIS, die in der Lage waren, in der Untersuchungssituation kontrolliert aus dem Zustand eines »anscheinend normalen Anteils der Persönlichkeit« (ANP) in den eines »emotionalen Anteil der Persönlichkeit« (EP) zu wechseln. Sie fanden nicht nur zustandsabhängig unterschiedliche Herzraten, Blutdruckwerte und Herzratenvariabilitäten, sondern auch eine wechselnde Hirnaktivität im PET auf Konfrontation mit traumatischen Erinnerungen. Diese Script-Driven Imagery-Methode (SDI)

---

171 Irle (2007); Ruocco et al. (2010); Hall et al. (2010)
172 Karl et al. (2006); Vermetten et al. (2006); Ehling et al. (2008)
173 ebenda
174 Karl et al. (2006)
175 Briere (2006)
176 Reinders et al. (2006)

ist ein in der Bildgebung verbreitetes Forschungsparadigma zur Symptomprovokation bei PTBS.

Im Zustand des ANPs zeigte sich eine starke Aktivität in den inhibitorischen Hirnbereichen des rechten mediofrontalen Cortex. Der ANP reagierte also wie eine Patientin mit chronischer Depersonalisation. Im Zustand des EP – insbesondere bei Konfrontation mit traumatischen Erinnerungen – fand sich diese Hemmung jedoch nicht und führt zu einer signifikant geringeren Durchblutung dieser Cortex-Region. Der EP reagiert bei Konfrontation mit dem Traumaskript also wie eine Patientin mit PTSD. Die Autoren interpretieren die Befunde dahingehend, dass im Zustand des überwiegend im Alltag aktiven ANP emotionale Reaktionen auf bedrohliche Situationen und Stimuli stark gehemmt werden, was den Betroffenen dabei hilft, alltägliche Aufgaben relativ gut und unauffällig zu bewältigen. Eine Folgestudie von Reinders et al.[177] bestätigte diese Befunde. Diese Ergebnisse wurden von Gegnern des Dissoziationskonzeptes mit dem Argument angezweifelt, dass die verschiedenen »states« auch suggestiv oder durch gekonntes Schauspielern »gemacht« sein könnten. Die Arbeitsgruppe um Nijenhuis hat daraufhin auch dies geprüft und gezeigt, dass selbst bei geübten Schauspielern oder Menschen mit hoher Suggestibilität sich solche gravierenden innerindividuellen Unterschiede in der Hirnfunktion nicht finden lassen.

Bei einer Gesamtschau der unterschiedlichen Studien zeigen sich studienübergreifend Abweichungen in den frontalen Regionen als potentielle Marker störungsübergreifender pathologischer Dissoziation.[178] Allerdings sind Befunde experimenteller Testungen der Hypothese[179] einer Hypoaktivierung in limbischen Regionen (insbesondere der Amygdala) sehr inkonsistent[180] und basieren hauptsächlich auf Analysen der Stichprobe der Lanius-Gruppe, die den dissoziativen Subtyp von PTBS untersuchte. Vereinzelte Studien zeigen ein verkleinertes Volumen im Hippocampus und in der Amygdala bei Patientinnen mit DIS, jedoch nicht bei DPD. Hier wird vermutet, dass strukturelle Aberrationen in der Amygdala, wie es bei

---

177 Reinders (2008)
178 siehe Royenda & Reinders (2021)
179 Lanius et al. (2010); Reinders et al. (2014)
180 Mertens et al. (2022)

PTBS mit und ohne komorbider DIS vorliegt, auf die (schweren) Traumaerfahrungen zurückgeführt werden können. Im parietalen und temporalen Lappen bei DIS und DPD finden sich sowohl strukturelle als auch funktionelle Unterschiede. Dabei handelt es sich eventuell um Integrationsdefizite, multisensorische Wahrnehmungen und Eindrücke in ein kohärentes Selbst-/Körperbild im Raum zu integrieren, wodurch Depersonalisationserfahrungen bei DIS/DPD entstehen können. Insgesamt deuten die abweichenden (und teilweise überlappenden) Muster in der Gehirnstruktur und -aktivität von DIS/PTBS und DPD möglicherweise auf eine unterschiedliche Ätiologie und neurobiologische Signaturen von Detachment und Compartmentalization hin.[181]

Exkurs: Die Polyvagal-Theorie

Die *Polyvagal-Theorie* wurde von Stephen Porges[182] entwickelte und erfährt in der Traumatherapie zunehmend Beachtung. Die Theorie postuliert, dass unser autonomes Nervensystem (ANS), bestehend aus Sympatikus und Parasympatikus (mit Nervus Vagus), einen differenzierteren anatomischen Aufbau und eine andere Funktionsweise hat als bisher angenommen wurde. Im Alltag erfüllt das ANS in der Regel eine adaptive Überlebensfunktion, indem es Signale aus unserer Umgebung hinsichtlich ihrer potentiellen Bedrohung hin analysiert und entsprechend reagiert. Das ANS untersucht also ständig unsere Umgebung daraufhin, ob sie sicher, gefährlich oder sogar lebensbedrohlich erscheint.

Das ANS besteht jedoch nicht nur aus zwei, sondern aus drei Teilen, die jeweils hierarchisch organisiert sind: Ist ein Teil aktiviert, hemmt er automatisch die anderen, untergeordneten Teile. Je nach Einschätzung von Gefahrensituationen reagieren die drei Teile unterschiedlich. Auf der Grundlage neurowissenschaftlicher Befunde und seiner Studien zur Polygenese (Stammgeschichte des Menschen) geht Porges davon aus, dass der Parasympatikus in sich zweigeteilt ist. Beide Teile erfüllen

---

181 Lotifina et al. (2020); Holmes et al. (2005)
182 Porges (2010)

jeweils für sich unterschiedliche Funktionen und sind eng mit dem Vagusnerv verbunden. Den polygenetisch älteren Teil beschreibt er als *dorsal-vagales-System*. Das andere, jüngere und vor allem bei Säugetieren vorhandene System bezeichnet er wiederum als *ventral-vagales-System*. Neurophysiologisch weisen die Fasern des ventralen myelinisierte und dorsalen Systems nicht-myelinisierte Bahnen auf, die jeweils unterschiedliche Funktionen haben und unterschiedlichen Bereichen des Hirnstammes entspringen.

Die Einteilung des autonomen Nervensystems in drei (Sympathikus, ventral-parasympathische und dorsal-parasympathische Zweig des Vagusnervs) anstelle von zwei (Sympathikus und Parasympathikus) Systemen erlaubt eine neue Beschreibung menschlichen Kontaktverhaltens. Porges geht davon aus, dass eine subjektive Einschätzung der Umwelt oder des Gegenübers als subjektiv gefährlich oder bedrohlich automatisch funktioniert. Diesen Prozess nennt Porges *Neurozeption* – als unbewussten, schnellen, adaptiven Mechanismus. Als mögliche Antwort auf einen äußeren Stressor beschreibt er drei Verhaltensstrategien der jeweiligen Teile des ANS:

Fühlen wir uns sicher und wohl, ist der phylogenetisch jüngste Teil, der ventrale Vagus aktiv. Dieser spricht wiederum vor allem auf ein Gegenüber an, welches uns in einem freundlichen Tonfall und einer zugewandten Mimik und Gestik gegenübersteht. In einer nicht-bedrohlichen Situation hilft dieses »Social Engagement System«, dabei, uns auf den Kontakt zu anderen Menschen einzulassen und entsprechende Signale auszusenden und somit Bindung entstehen zu lassen oder zu fördern. Der ventrale Vagus reagiert somit auf Signale für Sicherheit und fördert soziale Verbundenheit und Interaktion. Dieser Teil wird auch als sozialer Vagus bezeichnet. Bei Gefahr bereitet das sympathische Nervensystem den Organismus auf eine Kampf-/Flucht-Stressreaktion vor und wirkt somit mobilisierend. Was passiert jedoch, wenn der Bedrohung durch Kämpfen oder Fliehen nicht zu entkommen ist? Dann wird der dorsale Teil des Vagus aktiviert. Er reagiert bei einer wahrgenommenen Lebensbedrohung immer dann, wenn Kampf oder Flucht keine Option mehr darstellen. In einer solchen Situation wird eine

Immobilisierung herbeigeführt, die u. a. über Dissoziation eine gewisse Empfindungslosigkeit einleitet. Letztlich hängt die Aktivierung des dorsalen Vagus von der Einschätzung der Bedrohungssituation ab. Ist eine Situation so überfordernd (z. B. durch schwere Vernachlässigung, wiederholte körperliche und sexualisierte Gewalt, rituelle Traumatisierung u. ä.) wird Dissoziation (Derealisation, Depersonalisation) oder Immobilisierung (Lähmung, Konversionssymptome, Alogie) eingeleitet.

Problematisch hierbei ist, dass die Aktivierung älterer Systeme (dorsaler Vagus) die Aktivierung jüngerer Systeme (ventraler Vagus) vollständig inhibieren, d. h. unterdrücken kann. In der Folge führt eine Immobilisierung zum vollständigen Herunterfahren unseres sozialen Systems, wodurch jegliches Bindungsverhalten oder Beruhigungsverhalten unmöglich wird. Dies wird insbesondere dann zum Problem, wenn die natürlichen psychischen Defensivmechanismen sehr früh und sehr häufig aktiviert werden. Betroffenen fällt es folglich schwer, positive Beziehungserfahrung zu machen oder wahrzunehmen sowie Mimik, Gestik und andere Signale positiver, zugewandter Kommunikation zu deuten. Sie können keine Zuordnung zwischen Freund und Feind machen. Die Folge kann eine soziale Isolation sein. Therapeutisch ist es daher wichtig, dies in der Beziehungsgestaltung zu beachten. Betroffene sollten dabei unterstützt werden, echte Gefahren in Beziehungen zu erkennen und von einem automatischen Triggern des ventralen Vagus und Parasympathikus unterscheiden lernen. Ein weiteres Ziel kann sein, die spezifische eigene Aktivierung der drei Bereiche des ANS zu erkennen und entsprechenden Triggern zuzuordnen. Anschließend kann versucht werden, eine Regulation zurück zum ventralen Vagus zu erreichen. Dieser kann u. a. durch Selbstberührung, Summen, Atmen, Singen, Blickkontakt, Spielen, Tanzen etc. gefördert werden.

Durch die gestörte Abspeicherung von Informationen infolge einer Traumatisierung und die unterschiedliche Aktivierung der drei Bereiche des ANS, kommt es oftmals zu einer dissoziierten, unverbundenen Abspeicherung traumatischer Elemente. In der Folge werden Gefühle, Körperempfindungen, Gedanken und andere sensorische Eindrücke nur bruchstückhaft abgespeichert. Betroffenen fällt es später schwer, einzelne Prozesse und Inhalte einer Aktivierung (Sympathikus) und der dissoziativen Reaktion des Nervensystems (dorsaler Vagus) zu unterscheiden und zu regulieren. Vor allem die Gestaltung zwischenmenschlicher Beziehung und das »Lesen« sozialer Informationen ist bei traumatisierten Menschen deutlich erschwert. Die Polyvagal-Theorie bietet hier eine gut anwendbare Basis für die therapeutische Arbeit. Sie hilft dabei, angeborene Defensivmechanismen zu identifizieren und das oft dysfunktionale Verhalten der Patientinnen als Fixierung auf diese Mechanismen zu begreifen. Betroffene werden entlastet, da sie an ihrem Verhalten nicht »selbst schuld« sind und mit therapeutischer Unterstützung ein anderes Reaktionsmuster einüben können.

2.4 Wie häufig sind dissoziative Störungen?

Bis in die 1980er Jahre hinein ging man davon aus, dass dissoziative Störungen, insbesondere die Dissoziative Identitätsstörung, insgesamt sehr selten seien, wie dies auch in der ICD-10 noch vertreten wird.[183] Die Ergebnisse neuerer internationaler Forschungsarbeiten sprechen dafür, dass dissoziative Störungen kulturübergreifend und regelhaft auftreten, oft jedoch übersehen und/oder fehldiagnostiziert werden. Danach liegen die Prävalenzzahlen für dissoziative Störungen in der Allgemeinbevölkerung in einem Bereich von 1,7 bis 7 %, bei stationären psychiatrischen Patientinnen im Bereich von 4,3 bis 15 %.[184] Für die DIS gehen Studien von einer Prävalenz von 0,5 bis 1 % bei der Gesamtbevölkerung und von bis zu 5 % bei stationären psychiatrischen Patientenpopulationen aus. Die Studien wurden in kulturell unterschiedlichen Ländern durchgeführt (USA, Ka-

---

183 Dilling, Mombour & Schmidt (2011)
184 Gast et al. (2001a); Gast & Rodewald (2003); Rodewald (2005); Johnson et al. (2006)

2.4 Wie häufig sind dissoziative Störungen?

nada, Niederlande, Schweiz, Norwegen, BRD, Türkei). Frauen sind mit einem Verhältnis 9:1 sehr viel häufiger betroffen als Männer. In Risikopopulationen, wie traumatisierten und/oder forensischen Patientinnen oder Notfallhelfern, liegen die Prävalenzraten deutlich höher[185] (▶ Tab. 4a und ▶ Tab. 4b). Es wird also deutlich, dass die Vermutung in der ICD-10, diese »Störung ist selten, und es wird kontrovers diskutiert, in welchem Ausmaß sie iatrogen oder kulturspezifisch ist«[186] nicht länger haltbar ist. Gleichwohl sind die hohen Streubreiten in den Prävalenzzahlen problematisch und unbefriedigend. Die enorme Divergenz hinsichtlich der verwendeten Erhebungsinstrumente zwischen den verschiedenen Studien könnte die hohe Variabilität der berichteten Prävalenzraten erklären. Dennoch weisen die gefundenen Prävalenzzahlen darauf hin, dass komplexe dissoziative Störungen bisher unterdiagnostiziert wurden. In der Tat zeigt eine Reihe weiterer Studien, dass dissoziative Störungen (vor allem komplexe Störungen wie die DIS oder die NNBDS/ANBDS) im diagnostischen Prozess häufig übersehen werden.[187] Im Vergleich mit anderen Diagnosegruppen wie z. B. der PTBS weisen Patientinnen mit komplexen dissoziativen Störungen typischerweise eine besonders lange Krankheitsgeschichte auf.[188] So sind eine Vielzahl an Vordiagnosen (als komorbide Störungen[189] oder möglicher weise auch als Fehldiagnosen) sowie langjährige Kontakte zu psychosozialen Einrichtungen und Krankschreibungen bei DIS-Patientinnen besonders häufig vorzufinden.[190] Betrachtet man die Vordiagnosen, wird vor allem deutlich, dass diese häufig atypischer Natur sind (z. B. atypische affektive Störung, atypische Schizophrenie, Persönlichkeitsstörung etc.).[191] Dies spiegelt das komplexe Störungsbild sowie die schwierige Diagnosestellung bei komplexen dissoziativen Störungen wieder. Es kommt daher nicht selten vor, dass DIS-Patientinnen durchschnittlich nach 6 bis 8 Jahren erstmalig eine zutreffen Diagnose erhalten und bis zu diesem Zeitpunkt bis zu 10 verschiedene Vordiagnosen

---

185 Gast et al. (2001b); Gast & Rodewald (2003); Sar (2011)
186 Dilling, Mombour & Schmidt (2011), S. 182
187 Boon & Draijer (1993); Ross & Dua (1993); Ross, Norten & Wozney (1989)
188 Wabnitz et al. (2013)
189 Rodewald et al. (2011)
190 Boon & Draijer (1993); Putnam et al. (1986)
191 Kluft (1996); Ross (1997)

haben können.[192] Eine langjährige Hospitalisierung und Odyssee durch das Gesundheits- und Versorgungsystem ist nicht selten die Folge. Patientinnen mit komplexen dissoziativen Störungen fallen somit immer wieder durch das Netz der psychosozialen Versorgung, was neben enormen Kosten für das Gesundheitssystem schwerwiegende und andauernde Belastungen für Betroffene darstellt und die Prognose für den Behandlungsverlauf nachhaltig negativ beeinflussen kann.[193]

---

192 Dammann & Overkamp (2003)
193 Wirtz & Frommberger (2013)

2.4 Wie häufig sind dissoziative Störungen?

Tab. 4a: Prävalenzangaben zu dissoziativen Störungen in der Allgemeinbevölkerung (siehe Gast & Rodewald, 2011; Wabnitz, 2010).

Autor	Land	Stichprobe	Instrument(e)	N	DD[5] (%)	DIS[6] (%)
Akyüz et al. (1999)	Türkei	Repräsentative Bevölkerungsstichprobe	DES2, DDIS3	994	1,7	0,4
Johnson et al. (2006)	USA	Repräsentative Bevölkerungsstichprobe	DDIS3	658	8,5	1,5
Ross (1991)	Kanada	Repräsentative Bevölkerungsstichprobe	DES2, DDIS3	435	10	1
Ross, Joshi & Currie (1991)	Kanada	Repräsentative Bevölkerungsstichprobe	DES2	1055	5–10	
Şar et al. (2007)	Türkei	Repräsentative Bevölkerungsstichprobe	DDIS3	628	18,3	1,1
Şar et al. (2013)	Türkei	Depressive Frauen aus der Allgemeinbevölkerung	DDIS3	628	4,1	
Seedat, Stein & Forde (2003)	USA	Repräsentative Bevölkerungsstichprobe	DES-T4	1007	2,0	
Vanderlinden et al. (1991)	Niederlande und Belgien	Repräsentative Bevölkerungsstichprobe	DIS-Q1	374	3	1
Vanderlinden et al. (1993)	Niederlande	Repräsentative Bevölkerungsstichprobe	DIS-Q1	378	2,1	0,5
Vanderlinden et al. (1995)	Ungarn	Repräsentative Bevölkerungsstichprobe	DIS-Q1	311	10,6	2,6

Tab. 4a: Prävalenzangaben zu dissoziativen Störungen in der Allgemeinbevölkerung (siehe Gast & Rodewald, 2011; Wabnitz, 2010). – Fortsetzung

Autor	Land	Stichprobe	Instrument(e)	N	DD[5] (%)	DIS[6] (%)
Waller & Ross (1997)	Kanada	Reanalyse der Daten von Ross, Joshi & Currie (1991)	DES-T4	1055		3,3

[1]DES = Dissociative Experience Scale, [2]SCID-D = Structural clinical interview for DSM-IV-Dissociative Disorders, [3]DDIS = Dissociative Disorder Interview Schedule, [4]DD = Dissociative Disorders, [5]DIS = Dissociative Identity Disorder. [6]Mini SCID-D: amerikanische Version der Kurzfassung des SCID-D. Fehlende Werte lassen sich dadurch erklären, dass die Kategorie in der jeweiligen Studie nicht erhoben wurde.

2.4 Wie häufig sind dissoziative Störungen?

Tab. 4b: Prävalenzangaben zu dissoziativen Störungen in allgemeinpsychiatrischen Populationen (siehe Gast & Rodewald, 2011; Wabnitz, 2010).

Autor	Land	Stichprobe	Instrument(e)	N	DD (%)	DIS (%)
Foote et al. (2006)	USA	Ambulant	DDIS3	82	29	6
Friedl & Draijer (2000)	Niederlande	Stationär	DES1, SCID-D2	122	8,2	1,6
Gast et al. (2001a)	Deutschland	Stationär	FDS, SCID-D-R4	115	4,3	0,9
Ginzburg et al. (2010)	Israel	Stationär	SCID-D	120		0,8
Horen et al. (1995)	Kanada	Stationär	DES1, DDIS3	48	17	6
Latz et al. (1995)	USA	Stationär, Frauen)	DES1, DDIS3	175		12
Modestin et al. (1996)	Schweiz	Stationär	DES1, DDIS3	207	5	0,4
Ross et al. (1991)	Kanada	Stationär	DES1, DDIS3	299		3,3
Ross et al. (2002)	USA	Stationär	SCID-D2, DDIS3, klinisches Bild	201	26,9–44,5	7,5–9,6
Saxe et al. (1993)	USA	Stationär, Frauen	DES1, DDIS3	110	15	4
Tamar-Gürol et al. (2008)	Türkei	Stationär, Substanzmissbrauch	SCID-D	104		80

2 Wie entstehen Dissoziative Störungen?

Tab. 4b: Prävalenzangaben zu dissoziativen Störungen in allgemeinpsychiatrischen Populationen (siehe Gast & Rodewald, 2011; Wabnitz, 2010). – Fortsetzung

Autor	Land	Stichprobe	Instrument(e)	N	DD (%)	DIS (%)
Tutkun et al. (1998)	Türkei	Stationär	DES1, DDIS3, klinisches Bild	166	10,2	5,4

[1]DIS-Q = Dissociation Questionnaire, [2]DES = Dissociative Experience Scale, [3]DDIS = Dissociative Disorder Interview Schedule, [4]DES-T = Dissociative Experience Scale Taxon, [5]DD = Dissociative Disorders, [6]DIS = Dissociative Identity Disorder. Fehlende Werte lassen sich dadurch erklären, dass die Kategorie in der jeweiligen Studie nicht erhoben wurde.

3 Wie kann man dissoziative Störungen erkennen?

Dissoziative Störungen, so zeigen die oben beschriebenen Prävalenz-Studien, sind keineswegs selten. Es handelt sich vielmehr um Krankheitsbilder, mit denen Ärztinnen und Therapeutinnen regelmäßig in Kontakt kommen. Die meisten Patientinnen mit dissoziativen Störungen suchen nicht wegen der dissoziativen Symptomatik therapeutische Hilfe. Vielmehr präsentieren sie in der Regel andere Sekundär- und Folgeprobleme wie z. B. Depressionen, Angst oder Essstörungen, Suchterkrankungen oder Beziehungsprobleme.

3.1 Diagnostische Herausforderungen

Die Diagnostik dissoziativer Symptome ist also dadurch erschwert, dass diese nicht spontan berichtet werden, sondern gezielt erfragt werden müssen. Je nach Art der dissoziativen Störung oder nach charakteristischen Problemen der Patientinnen ist dies mit unterschiedlichen und spezifischen Herausforderungen verbunden.

3.1.1 Somatoforme Symptomatik

Bei den somatoformen und pseudoneurologischen ausgeprägten dissoziativen Störungen wie dissoziative Störungen der Bewegung und der Sinnesempfindung (F44.4–F44.7), dissoziativer Stupor (F44.2), Trance- und

Besessenheitsstörung (F44.3) sind die Funktionsausfälle in der Regel so offenkundig, dass sie nicht übersehen werden können, wie z. B. für psychogene Lähmungen, Sehstörungen oder pseudoneurologische dissoziative Anfälle. Die Schwierigkeit besteht hier darin, bei der somatischen Differential- und Ausschlussdiagnostik bereits frühzeitig an eine psychosomatische Diagnostik zu denken und den Patientinnen von Anfang an in diese Überlegungen mit einzubeziehen. Dadurch wird die Patientin eine psychosomatische Diagnose eher akzeptieren und stärker motiviert sein, an ihrer Genesung mitzuarbeiten. Anderenfalls können Störungen in der Ärztin-Patientin-Beziehung auftreten, die eine Behandlung erschweren

Beispiel: Frau B. klagte schon seit längerem über anfallartige Dämmerzustände und hatte sich – da sie selber Ärztin ist – bereits über verschiedene, auch seltene neurologische Erkrankungen belesen. Als sie während eines solchen Dämmerzustandes mit einer Glucose-Injektion »behandelt« und anschließend mit der Placebo-Wirkung konfrontiert wird, ist sie regelrecht verstört. Die plötzliche Eröffnung eines psychogenen Geschehens nach aufwendiger neurologischer Diagnostik wurde als so große Beschämung und Kränkung erlebt, dass sie vorerst nicht für eine Psychotherapie zu motivieren war. Erst nach längerer Begleitung durch ihren Hausarzt, mit dem sie über diese Kränkung sprechen konnte, änderte sie ihre Haltung.

3.1.2 Psychogene Symptomatik

Anders stellen sich die diagnostischen Schwierigkeiten bei den stärker psychogen geprägten dissoziativen Störungen wie dissoziative Amnesie (F44.0), Depersonalisation und Derealisation (F 48) sowie der DIS und ihrer Subform (F 44.8) dar. Hier ist die Symptomatik gerade nicht offenkundig, sondern in der Regel eher diskret und aus verschiedenen Gründen schwieriger zu erkennen. Die meisten Patientinnen suchen ja nicht wegen der dissoziativen Kernsymptomatik (Amnesien, Depersonalisation, Derealisation, Trancezustände, Identitätsverunsicherung in Form von als nicht zu sich gehörig empfundenem Denken, Sprechen, Fühlen, Handeln sowie Stimmenhören; evidente Hinweise für nicht erinnerbares Verhalten) therapeutische Hilfe. Sie berichten also nicht spontan oder von sich aus über ihre dissoziativen Symptome. Dies hat verschiedene Gründe: Ein Teil der Betroffenen ist sich seiner dissoziativen Symptome nicht in vollem Umfang bewusst. Oft wird die Dissoziation (z. B. in Form von Derealisation/Depersonalisation) als chronisches, über Jahre immer wieder erlebtes Symptom als eine Art Normalzustand wahrgenommen.

> *Frau U. wird erst durch die Frage nach Entfremdungserleben bewusst, dass sie ständig »neben sich steht«. Sie erinnert sich dann aber auch daran, dass es Phasen in ihrem Leben gab, in denen sie sich lebendiger gefühlt hat.*

Gravierende Amnesien können aufgrund von Chronifizierungen als »Normalzustand« erlebt werden, insbesondere auch dann, wenn eine Amnesie für die Amnesie vorliegt. Auch hier kann durch das Fragen nach Gedächtnisproblemen und Gedächtnislücken die Wahrnehmung dafür geschärft werden.

> *Frau U. hatte ihren Gedächtnisproblemen überhaupt keine Aufmerksamkeit geschenkt, sie vielmehr als Bestätigung dafür hingenommen, dass sie eben dumm sei, wie sie es ständig von ihren Eltern gehört hatte. So vergaß sie, dass sie teils erhebliche Gedächtnislücken hatte. Erst durch die Fragen der Therapeutin wurde ihr bewusst, dass ihre Gedächtnislücken sehr umschrieben waren und einem bestimmten Muster folgten, das mit mangelnder Intelligenz nicht erklärbar war.*

3.1.3 Probleme mit Scham

Viele Betroffene versuchen, ihre Symptome gezielt zu verstecken oder zu bagatellisieren. Dies kann aus Scham vor sich und anderen heraus geschehen.

> *Frau A. hat über viele Jahre hochqualifiziert in der Computerbranche gearbeitet, sie zieht sehr viel Selbstwert aus ihren intellektuellen Fähigkeiten. Daher ist es für sie beschämend und kränkend, wahrzunehmen und sich einzugestehen, dass sie sich an bestimmte Erlebnisse und Handlungen im*

> *Alltag – z. B. das Zurücklegen einer Autofahrt, getroffene Absprachen mit dem Ehemann, das Eingehen bestimmter sozialer Kontakte in der Nachbarschaft – überhaupt nicht mehr erinnern kann.*

Andere wiederum haben die (zum Teil berechtigte) Sorge, aufgrund ihrer Symptomatik für »verrückt gehalten« und als schizophren diagnostiziert zu werden.

> *Frau C. hat bereits verschiedene Therapie in Anspruch genommen, sich jedoch noch nie getraut, von ihrem »Kopftheater«, von den Stimmen und »Leuten« in ihrem Kopf zu berichten; aus Angst, von der Therapeutin in die Psychiatrie eingewiesen zu werden, behielt sie diese Beobachtung lieber für sich.*

3.1.4 Probleme mit Vertrauen

Häufig haben Patientinnen aufgrund ihrer Vorgeschichte mit traumatischen Beziehungserfahrungen große Probleme, sich überhaupt einem anderen Menschen in einer Therapie anzuvertrauen. Wenn sie sich dennoch trauen, präsentieren sie in der Regel eher sozial anerkanntere Sekundär- und Folgeprobleme wie z. B. Depressionen, Angst- oder Essstörungen, Suchterkrankungen oder Beziehungsprobleme.

> *Frau F. war sich im Laufe einer stationären psychosomatischen Behandlung intensiver als bisher bewusstgeworden, dass sie Stimmen hört. Da sie sehr viel Beschämung und Herabsetzung von ihren Eltern erlebt hatte, kam sie gar nicht auf den Gedanken, sich damit dem Therapeuten anzuvertrauen. Mit ihm arbeitete sie stattdessen weiterhin an den depressiven und sozialphobischen Symptomen und der Essstörung, die sich während des stationären Aufenthaltes jedoch nicht wesentlich besserten.*

3.1.5 Probleme durch Fehlvorstellungen bei Therapeutinnen

Die bisher geschilderten Schwierigkeiten in der Diagnosestellung hängen mit der diskreten, für Patientinnen schambesetzten und schwer in Worte

3.1 Diagnostische Herausforderungen

zu fassenden Beschaffenheit der Symptomatik zusammen. Es kommen aber noch weitere Schwierigkeiten bei der Diagnosestellung hinzu, die vor allem bei der DIS und ihrer Subform eine Rolle spielen und die mit dem Informationsstand über das Krankheitsbild zusammenhängen: Wie schon oben erwähnt, haben viele Therapeutinnen die Vorstellung, dass die DIS eine seltene Störung mit einem floriden, dramatischen Erscheinungsbild ist. Sie erwarten bei dieser Erkrankung, dass die Patientinnen offenkundig wechselnde Identitäten präsentieren. In der Tat gibt es diese Erscheinungsform, doch ist sie eher selten. Sie geht oft damit einher, dass Patientinnen bereits selber an sich die Diagnose stellen:

Frau M. ist 25 Jahre alt und stellt sich in der Psychotherapieambulanz vor, weil sie glaubt, multipel zu sein. Ihre Therapeutin habe sich mit dieser Eröffnung überfordert gefühlt und ihr zu dieser diagnostischen Abklärung geraten. Frau M. berichtet freimütig darüber, dass sie schon seit längerem spüre, dass da »Viele« in ihr seien und dass im Kontakt mit ihrer Freundin »einige auch herauskommen« würden. Sie schildert anschaulich das innere Erleben der »Vielen« und wie es dadurch immer wieder zu sozialen Komplikationen und Irritationen kommt. Schließlich präsentiert sie diese bereits im Erstkontakt: Neben dem relativ unauffälligen, der diagnostischen Situation angemessenen Verhalten im überwiegenden Teil des Interviews wechselt sie zum Ende des Gespräches für einige Minuten in ein kindliches Verhalten. Gestik, Mimik, Stimmintonation und Sprachwahl verändern sich: Die Patientin zieht die Schultern hoch und den Kopf ein, schaut mich schüchtern von unten mit großen Augen an, dreht mit dem Zeigefinger verlegen in ihren Haaren. In kindlicher Stimme fragt sie mich duzend, ob ich die Frau Gast sei. Nachdem ich dies bejaht habe, erklärt sie, dass sie mich »auch mal angucken« wollte. Sie wechselt dann wieder in das ursprüngliche Verhalten zurück und kommentiert ihr kindliches Verhalten sehr verlegen mit der Bemerkung, dass »die Kleine sich wohl mit dem Gucken durchgesetzt« habe.

Wenn zu der DIS mit offenkundiger Dissoziation der Persönlichkeitsanteile auch noch eine histrionische komorbide Persönlichkeitsstörung auftritt, kann dies sehr dramatische und spektakuläre Ausgestaltungen zur Folge haben. Patientinnen können dann ihr dissoziatives Funktionieren narzisstisch hoch besetzen und ein großes interaktionelles Potential entfalten. Dies kann eine große Herausforderung für Institutionen und Helfersysteme bedeuten.

> *Frau H. nimmt mit verschiedenen psychosozialen Einrichtungen parallel Kontakte auf und beansprucht diese in übermäßiger Weise, ohne dass sich ein stabiles Arbeitsbündnis oder konkrete Therapieziele erarbeiten lassen. Sie stellt sich mit den Worten vor: »Wir sind das Feen-Volk. Wir sind multipel. Kennen Sie sich damit aus? Wir wollen nicht integriert werden.*

Diese oder ähnliche histrionischen und dramatischen Fälle prägen häufig die Vorstellung der Therapeutinnen, dass dies das typische Erscheinungsbild einer DIS sei. So entsteht jedoch ein verzerrtes Bild über diese Erkrankung.

Wie bei der Diskussion der Diagnosekriterien schon erwähnt (insbesondere ▸ Kap. 1.4), ist es jedoch ausgesprochen selten, dass man bereits im Erstkontakt ein solches Verhalten beobachten kann und Patientinnen ihre DIS so durchgängig offenkundig machen. Nach Kluft sind es ca. 6 % der DIS-Patientinnen; er spricht von einem offenen »Fenster der Diagnostizierbarkeit«. Ein gutes Beispiel für diese offene Form der DIS ist die Serienheldin *Tara Gregson* aus der US-amerikanischen Fernsehserie United States of Tara, die in Deutschland als »Taras Welten« ausgestrahlt wurde und auf der Website der ISSTD ausführlich wissenschaftlich kommentiert wird. Die Sendung »Tara« gibt einen guten Einblick in das »Funktionieren« der verschiedenen Persönlichkeitsanteile und auch in die Beziehungsprobleme, die daraus erwachsen können. Allerdings sollte man sich vergegenwärtigen, dass dieses offene Präsentieren der DIS relativ selten ist.

Stattdessen zeigt die typische DIS-Patientin eine polysymptomatische Mischung aus dissoziativen und posttraumatischen Symptomen, die in eine Matrix von nicht primär traumaspezifischen Symptomen eingebettet sind (z. B. Depression, Angstsymptome, Substanzmissbrauch, psychosomatische Symptome, Essstörungen usw.). Das Vorherrschen dieser vertrauten Symptome führt oft dazu, dass Therapeutinnen nur diese komorbiden Störungen diagnostizieren. Dies kann jedoch eine langwierige und nicht sonderlich erfolgreiche Behandlung zur Folge haben, wie bereits oben bei Frau F. beschrieben.

Aus den geschilderten Gründen ist es zur Diagnostik unerlässlich, aktiv nach dissoziativen Symptomen zu fragen. Das offene klinische Interview sollte im Falle von Verdachtsmomenten gegebenenfalls durch dissoziationsspezifische Screening- und Diagnose-Instrumente ergänzt werden. Zudem ist der Aufbau einer vertrauensvollen Beziehung Voraussetzung für eine genaue Diagnosestellung. Nur dann werden Patientinnen auch entsprechende valide Angaben machen. Hilfreich ist gerade bei den Symptomen mit intrusivem Charakter die häufig entlastende Information, dass dissoziative Störungen nicht mit einer Psychose und »verrückt sein« gleichzusetzen sind (▶ Kap. 3.7.1). Ferner muss bei der Diagnostik bedacht werden, dass durch das Erfragen dissoziativer Symptome auch deren Auslöser, nämlich belastende und/oder traumatische Erfahrungen mit angestoßen werden können. Es ist daher eine vorsichtige Herangehensweise notwendig, um ein Überfluten mit traumatischen Erinnerungen zu vermeiden (▶ Kap. 3.7.2, Fallbeispiel).

3.2 Diagnosestellung nach ICD-11

ICD-11 beschreibt die DIS als komplexe Erkrankung. Eines ihrer wesentlichen Merkmale ist, dass Betroffene aus Angst, Scham, Insuffizienzgefühlen, Verunsicherung, Selbstzweifeln, Misstrauen oder dem Nicht-Erkennen der eigenen Erkrankung (Anosognosie) nicht über ihre Symptome sprechen. Betroffene können diagnostischen Fragen ausweichen oder sie falsch verneinen. Sie weisen meist nicht selbst aktiv auf die Symptome hin. Die Diagnostik von Menschen mit einer DIS ist daher in der Regel eine Prozessdiagnostik. Sie benötigt Zeit und einen vertrauensvollen Rahmen, in dem sich Patientinnen öffnen können, sowie fundierte klinische Erfahrung von Seiten der Therapeutinnen. Zusätzliche operationalisierte Fragebögen sind hilfreich.[194]

---

194 Gysi (2021); Gysi et al. (2022)

Gedächtnisprobleme, Depersonalisation, Derealisation, Trancezustände, Flashbacks sowie somatoforme Dissoziation geben wichtige Hinweise. Zudem sollte auf umfassende Intrusionen geachtet werden: Diese äußern sich in permanenten Störungen der alltäglichen Funktionen: Patientinnen erleben u. a. als nicht zu sich gehörig empfundenes Denken, Sprechen, Fühlen, Handeln sowie Stimmenhören. Diese dissoziierten, ichdystonen Wahrnehmungen einschließlich des Stimmenhörens haben – in Abgrenzung zur Schizophrenie – pseudohalluzinatorischen Charakter, d. h., die Patientinnen sind sich ihrer Trugwahrnehmung in der Regel durchaus bewusst. Intrusionen kommen sowohl bei der partiellen DIS als auch beim Vollbild vor. Bei letzterem imponieren zudem gravierende Alltagsamnesien: Die Betroffenen berichten über teilweise sehr drastische Erinnerungslücken – so wird zum Beispiel die erst kurz zurückliegende eigene Examensprüfung, der gesamte Urlaub oder die Geburt des eigenen Kindes nicht mehr erinnert. Oder es ist – wie später in der Behandlung im Fallbeispiel von Frau K. – ein mehrwöchiger Aufenthalt in unserer Klinik vorübergehend nicht mehr erinnerbar. Auch berichten Patientinnen und Patienten von Rückmeldungen aus dem Familien- und Bekanntenkreis über Verhalten, an das sie selbst keinerlei Erinnerungen haben. Amnesien für impulshaftes Verhalten wie Essanfälle, Selbstverletzungen oder Suizidversuche können wichtige Hinweise auf das Vorhandensein einer DIS geben.

3.3 Differentialdiagnose

Therapeutinnen sollten sowohl gegenüber falsch positiven als auch falsch negativen Diagnosen von DIS wachsam sein. Denn dissoziative Symptome sind klinisch weit verbreitet: Sie kommen nicht nur bei dissoziativen Störungen vor, sondern ebenso bei anderen psychischen Erkrankungen (▶ Abb. 3).[195] Bei länger anhaltenden Reaktionen können die dissoziativen

---

195 siehe Lyssenko et al. (2018)

3.3 Differentialdiagnose

Symptome jedoch einen subjektiven und objektiven Beeinträchtigungsgrad erreichen, der die Zuordnung als eigenständige manifeste dissoziative Störung rechtfertigt und entsprechend im Behandlungsplan Berücksichtigung finden muss.

Differentialdiagnostisch muss aufgrund der Symptomüberlappung der B-Kriterien nach Dell mit den Schneider'schen Symptomen eine Schizophrenie ausgeschlossen werden. Ausschlaggebend sind hierbei der pseudohalluzinatorische Charakter der dissoziierten Wahrnehmungen (insbesondere des Stimmenhörens) und die insgesamt erhaltene Realitätskontrolle. Bei der DIS fehlen also die meisten formalen Denkstörungen wie Wahnwahrnehmung und paranoide Symptome, während bei der Schizophrenie wiederum die C-Kriterien nach Dell[196] in Form gravierender und charakteristischer Gedächtnisstörungen nicht vorhanden sind.

Ausgeschlossen werden müssen auch eine Borderline-Persönlichkeitsstörung, affektive Störungen und Angsterkrankungen, welche jedoch auch zusätzlich zur DIS in komorbider Form vorliegen können.[197] Die Abgrenzung zur Borderline-Persönlichkeitsstörung kann dadurch erschwert sein, das hier ebenfalls häufig ausgeprägte dissoziative Symptome vorliegen können. Die Beeinträchtigung des Identitätserlebens ist jedoch nicht derart tiefgreifend, dass das eigene Handeln, Wahrnehmen und Erinnern einer »anderen Person« zugeordnet wird, entsprechend fehlen auch hier die C-Kriterien nach Dell.

Der häufigste Diagnosefehler ist bislang die nicht erkannte, also falsch negative Diagnose, denn in über 90 % liegt die DIS oder pDIS in verdeckter, diskreter Form vor. Patientinnen zeigen die anderen Anteile nicht offen und sind sich dieser nicht oder kaum bewusst. Eine Untergruppe von 10 % der DIS-Patientinnen ist sich ihrer Anteile relativ bewusst und zeigt diese mehr oder weniger offen. Bei diesen floriden Formen kann es zudem »aufgepfropfte« Ausgestaltung geben, wie Verdeutlichungstendenzen, Aggravation oder *histrionische* Ausgestaltung. Bei letzterer Form besteht, wie oben beschrieben, die Gefahr des Mitagierens eines faszinierten Helfernetzes.

---

196 Dell (2001; 2002)
197 Putnam (2003)

Differentialdiagnostisch muss auch an eine falsch positive DIS gedacht werden, die in unterschiedlicher Ausprägung vorliegen kann: Bei der imitierten DIS machen Patientinnen – teils unbewusst motiviert – das DIS-Symptomprofil. Sie simulieren die Symptome in Folge von »Ansteckung« z. B. nach Kontakt und Austausch mit DIS-Patientinnen. Oder sie simulieren sie nach Fehlbehandlungen, z. B. durch unsachgemäße Hypnose, unsachgemäß angeleitete »Innere-Kind-Arbeit« oder bei übermäßigem professionellem Interesse am Vorhandensein anderer Persönlichkeitsanteile (Iatrogene DIS). Es kann auch eine Kombination von Ansteckung und Iatrogenität vorliegen (▶ Kap. 5.5).

Eine falsch positive Diagnose kann auch in Form von bewusstem, absichtsvollem Nachmachen der Diagnose vorliegen (Factitious DIS), um innere Leere und Identitätsprobleme zu überdecken, z. B. bei Borderline- oder »Als-ob-Persönlichkeiten«. Die Symptomatik zeichnet sich hier eher durch ein rigides, starres Präsentieren der Symptome: Sie wirken »flach« und unanschaulich, eher fassadenhaft. Oft liegt eine Mentalisierungsschwäche vor. Zudem können narzisstische Probleme die Ursache für eine nachgemachte DIS sein.[198] Schließlich kann auch ein bewusstes, absichtsvolles Nachmachen zum »äußeren« Vorteile vorliegen (sog. Malingering), z. B. im forensischen Kontext. Ein solcher Fall wird in dem Thriller »Primal Fear« (1996) beschrieben: Der Rechtsanwalt Martin Vail (Richard Gere) verteidigt den Ministranten Aaron (Edward Norton), dem der Mord am katholischen Erzbischof vorgeworfen wird. Norton – davon ist Vail überzeugt – hat die Diagnose einer Dissoziativen Identitätsstörung. Doch dieser täuscht sie nur vor, um mildernde Umstände zu erwirken. Er »fakt« dies sehr überzeugend. Allerdings wird in dem Film auch gezeigt, dass eine sorgfältige und spezifische Dissoziationsdiagnostik nicht durchgeführt wurde; dies ist jedoch gerade im forensischen Kontext besonders wichtig. Hinweise hierzu finden sich bei Steinberg et al.[199] Dennoch können natürlich auch valide Diagnosen bei Straftätern auftreten. Ferner müssen Suchterkrankungen, Drogenkonsum sowie Temporallappenepilepsien

---

198 Draijer & Boon (1999); Gleaves (1996); Thomas (2001), siehe auch Pietkiewicz et al. (2021)
199 Steinberg et al. (2000)

ausgeschlossen werden;[200] Die Romanfigur von Dr. Jekyll und Mister Hyde ist ein häufig erwähntes Beispiel einer DIS bzw. einer multiplen Persönlichkeit[201] – es handelt sich dabei aber um eine falsch positive Fehldiagnose. Die drastischen Wesensveränderungen, die in dem Roman beschrieben werden, treten nämlich ausschließlich im Zusammenhang mit der Einnahme eines »Verwandlungselixiers« auf,[202] so dass es sich hierbei auch um eine drogeninduzierte Persönlichkeitsveränderung handeln könnte. Bei dissoziativer Symptomatik sind also wichtige Ausschlusskriterien zu beachten und immer nach Drogenkonsum sowie nach neurologischen und internistischen Erkrankungen zu fragen.

3.4 Komorbiditäten

Die beschriebene Phänomenologie ist oft durch komorbide Symptome und Störungen überlagert. Am häufigsten sind bei der DIS Affektive Störung v. a. Major Depression; Angststörung, v. a. Panikstörung; Substanzmissbrauch; Somatoforme Störungen; Essstörungen, v. a. Bulimia Nervosa.[203] Das DSM-IV nennt darüber hinaus posttraumatische Symptome, Konversionssymptome (Pseudoanfälle), eine ungewöhnliche Fähigkeit zur Kontrolle von Schmerzen sowie eine Vielzahl von körperlichen Beschwerden wie Kopfschmerzen, Reizkolon, Asthma oder Schlafstörungen als typische Begleitsymptome einer Dissoziativen Identitätsstörung. In unserem Fallbeispiel lassen sich bei Frau K. die komorbiden Diagnosen einer Depression (ICD 10 F 32.1), einer Panikstörung (41.0) sowie einer PTSD stellen (F43.1), ebenso Schlafstörungen und ungewöhnliche Schmerzkontrolle. Zudem ist suizidales und/oder selbstverletzendes Verhalten bei DIS-Patientinnen auffällig häufig vorhanden; laut Studienlage

---

200 Putnam (2003)
201 Freyberger et al. (2007)
202 Stevenson (1886/2004)
203 Gleaves et al. (2001); Saxe et al. (1993); Rodewald et al. (2011)

berichteten 67% der Patientinnen mit dissoziativen Störungen von wiederholten Suizidversuchen und 42% von vorherigem selbstverletzenden Verhalten.[204] Zusätzlich haben 30 bis 70% der DIS-Population eine diagnostizierte Borderline-Persönlichkeitsstörung.[205] Möglicherweise ist jedoch eine dekompensierte posttraumatische und dissoziative Symptomatik für die Instabilität verantwortlich ist und führt entsprechend zu einer hohen Rate von Borderline-Diagnosen, die nach erfolgter Stabilisierung revidiert werden muss.[206]

3.5 Unspezifische diagnostische Hinweise

Wegen der oft diskreten Symptomatik und komorbiden Überlagerungen ist es sinnvoll, auf unspezifische diagnostische Hinweise[207] zu achten, die auf eine mögliche dissoziative Störung, insbesondere auch auf DIS, hindeuten. Hierzu gehören:

- traumatische Erfahrungen in der Kindheit,
- Misslingen vorhergehender Behandlungen,
- drei oder mehr Vordiagnosen, insbesondere als atypische Störungen (Depressionen, Persönlichkeitsstörungen, Angststörungen, Schizophrenie, Anpassungsstörungen, Substanzmissbrauch, Somatisierungs- oder Essstörungen),
- selbstverletzendes Verhalten, gleichzeitiges Auftreten von psychiatrischen und psychosomatischen Symptomen, starke Schwankungen und Fluktuationen in Symptomatik und Funktionsniveau.

---

204 Foote et al. (2008); Putnam et al. (1986); Ross & Norton (1989a)
205 Boon & Draijer (1993); Dell (1998); Ellason et al. (1996); Horevitz & Braun (1984); Korzewa et al. (2009); Ross et al. (1991); Sar et al. (2006)
206 Brand & Loewenstein (2010); Loewenstein (2007); Ross (1997)
207 Kluft (1996); Ross (1997); Gysi (2020)

Darüber hinaus sollte auf subtile diagnostische Hinweise geachtet werden. Wichtige Leitsymptome für dissoziative Störungen sind die Amnesie sowie wiederholte, chronische Entfremdungserlebnisse in Form von Depersonalisation und Derealisation. Für schwere dissoziative Störungen (DIS und partielle DIS) gelten zudem intrusives Erleben wie das Stimmenhören im Kopf, Beeinträchtigungserleben und Identitätswechsel im Sinne eines objektivierbaren Verhaltens, das die Manifestation der verschiedenen Identitäten anzeigt. Identitätswechsel ist hierbei nicht mit dem Phänomen gleichzusetzen, dass ein Mensch bewusst unterschiedliche Rollen annimmt und sich wie verschiedene Personen verhält. Vielmehr handelt es sich um folgende mögliche Phänomenologie: nicht erinnerbares Verhalten; Finden von Sachen, an deren Erwerb man sich nicht erinnern kann; das Hören von Stimmen, die meist *im* Kopf lokalisiert werden und die sich von halluzinatorischem Erleben durch die erhaltene Realitätsprüfung der Patienten und Patientinnen unterscheiden; ein fortlaufender innerer verbaler oder schriftlicher Dialog zwischen den dissoziierten Persönlichkeitsanteilen; spontane Altersregression mit dem Gefühl, ein kleines Kind zu sein und traumatische Erfahrungen wiederzuerleben, sowie das Verwenden von der dritten Person (»er«, »sie« oder »wir«) für sich selbst.

3.6 Standardisierte Messinstrumente

Standardisierte Messinstrumente erfragen diese Symptomatik systematisch. Sie unterstützen und optimieren dabei die Diagnosestellung, da sie die Untersuchung unabhängiger von der Person des bzw. der Untersuchenden machen und Kriterien zur Beurteilung der Ergebnisse bieten. Hierbei ist zwischen Such-Instrumenten und Diagnose-Instrumenten zu unterscheiden. Einen umfassenden Überblick gibt Gysi in seinem multiaxialen Diagnostikmodell.[208] Im Folgenden sollen zwei wichtige Suchinstrumente und ein Diagnoseinstrument näher vorgestellt werden:

---

208 Gysi (2021)

3 Wie kann man dissoziative Störungen erkennen?

3.6.1 Fragebogen für Dissoziative Symptome, FDS

Das international am häufigsten eingesetzte Screening-Instrument ist die *Dissociative Experiences Scale* (DES).[209] Dieser Fragebogen wurde ins Deutsche übersetzt und um eine Skala zu Konversionssymptomen erweitert (Fragebogen für Dissoziative Symptome, FDS).[210] Es handelt sich um einen Selbstbeurteilungsfragebogen mit 44 Items. Die Befragten schätzen auf einer 100er Rating-Skala (Skalenverankerung 0 = niemals, 100 = immer) ein, wie häufig die vorgegebenen Beispiele dissoziativer Erfahrungen bei ihnen selbst auftreten. Als Gesamtscore wird der Mittelwert aus den 44 Häufigkeitseinschätzungen gebildet. In internationalen Studien (mit dem DES) wird ein Gesamtwert von 15 bis 25 als Cut-off-Wert angegeben, ab dem das Vorliegen einer pathologischen dissoziativen Störung bei den Befragten wahrscheinlich ist. In diesem Falle ist es sinnvoll, die Symptomatik mit einem strukturierten Interview differentialdiagnostisch abzuklären.

3.6.2 Somatoform Dissociation Questionnaire, SDQ-20

Anders als der FDS widmet sich der *Somatoform Dissociation Questionnaire* (SDQ-20)[211] eher körperlichen Manifestationen einer dissoziativen Symptomatik. Angelehnt an das Konzept der Somatoformen Dissoziation, bei dem neben einer Dissoziation des Geistes auch die Dissoziation von Körperfunktionen im Mittelpunkt steht, erfasst der Fragebogen verschiedene psychophysiologische Symptome. Die Langversion des SDQ mit 20 Items erfasst Symptome in den Bereichen motorische Beeinträchtigung, intermittierende Schmerzsymptome oder Schmerzunempfindlichkeit[212] und überzeugt mit guten Testgütekriterien.[213] Eine Deutsche Version fin-

---

209 Bernstein & Putnam (1986)
210 Freyberger et al. (1999)
211 Nijenhuis et al. (1998b)
212 Rodewald (2005)
213 Overkamp (2005)

det sich bei Huber[214]. Dem Kliniker gibt das Inventar die Möglichkeit, somatoforme Symptome, die sich auf eine dissoziative Symptomatik zurückführen lassen, zu erfassen und mit der Patientin zu besprechen.

3.6.3 Trauma And Dissoziative Symptome Interview (TADS-I).

Der TADS-I[215] ist ein halbstrukturierter Interviewleitfaden zur Diagnose dissoziativer Störungen sowie dissoziativer und traumabezogener Symptome nach DSM-5 und ICD-11. Anhand der fünf Strukturierungsbereiche (Allgemeine Informationen, Posttraumatische Symptome, Veränderungen des Bewusstseins, Körperliche Beschwerden und somatoforme Dissoziation sowie Psychoforme Dissoziation) bietet er eine umfassende und differenzierte multimodale Diagnostik traumabedingter dissoziativer Störungen. Er erlaubt die differenzialdiagnostische Abgrenzung relevanter komorbider Störungen (wie KPTBS, Persönlichkeitsstörungen/BPS, affektive und schizophrene Störungen), gibt Einblick in eine (eventuell vorliegende) strukturelle Dissoziation der Persönlichkeit und eignet sich auch als Hilfsmittel zur Unterscheidung zwischen »echter« und imitierter Dissoziativer Identitätsstörung. Die deutsche Übersetzung erfolgte 2018 durch den Schweizer Psychiater Jan Gysi[216]; die entsprechende Validierung des Instrumentes ist in Arbeit.

---

214 Huber (2003)
215 Boon & Matthess (2015)
216 Gysi (2021), S. 121

3.7 Strukturiertes Klinisches Interview für Dissoziative Störungen, SKID-D

Als Standard-Instrument zur operationalisierten Diagnostik gilt das *Structured Clinical Interview for DSM-IV-Dissociative Disorders* (SCID-D[217]). Das Interview liegt als deutsche Bearbeitung mit entsprechendem Manual vor (Strukturiertes Klinisches Interview für Dissoziative Störungen, SKID-D[218] und Manual zum SKID-D[219]). Es handelt sich um ein halbstrukturiertes Interview, das eng an den Diagnosekriterien des DSM entwickelt wurde.[220] Auch wenn bisher keine Anpassungen des SKID-D an DSM-5 oder ICD-11 vorliegen, soll das Instrument hier ausführlicher vorgestellt werden. Anhand der Beispielfragen werden Qualität und Quantität der dissoziativen Symptome veranschaulicht. Auch in diesem Instrument finden Therapeutinnen vielfältige Anregungen und Möglichkeiten, nach dissoziativen Symptomen zu fragen, sie einzuschätzen und mit den Patientinnen zu besprechen.

Das Interview erfasst in fünf Kapiteln systematisch das Auftreten und den Schweregrad der dissoziativen Hauptsymptome und erlaubt eine Differentialdiagnostik der verschiedenen Formen dissoziativer Störungen nach dem DSM. Jedes Teilkapitel beginnt mit allgemein gehaltenen Screeningfragen.

Werden diese positiv beantwortet, folgt eine Reihe spezifischerer Fragen zur systematischen Abklärung und Validierung der Symptomatik. Auch wird das quantitative Ausmaß anhand subjektiver und sozialer Beeinträchtigungen erfasst.

So wird zur *Amnesie* gefragt, ob Patientinnen jemals das Gefühl gehabt haben, dass es größere Lücken in Ihrem Gedächtnis gäbe. Wenn dies bejaht wird, wird um eine genauere Beschreibung gebeten, woran sie diese Lücken bemerkt und wie oft dies vorgekommen sei. In einem anderen Item

---

217 Steinberg (1994a); Steinberg et al. (1993)
218 Gast et al (1999a)
219 Gast et al. (1999b)
220 Eine DSM-5-Version liegt für den SKID-D bislang noch nicht vor.

3.7 Strukturiertes Klinisches Interview für Dissoziative Störungen, SKID-D

wird danach gefragt, ob es jemals Stunden oder Tage gegeben habe, die zu fehlen schienen oder für die sich die Patientin keine Rechenschaft ablegen könne? Es wird weiter gefragt, wie viel Zeit gefehlt habe und wie oft dies passiert sei.

Zur *Fugue* wird erfragt, ob man sich jemals an einem Ort wiedergefunden habe, ohne sich daran erinnern zu können, wie man dorthin gekommen sei. Auch hier lässt man sich das Erlebte genauer beschreiben und fragt nach der Häufigkeit und Schweregrade. So wäre z. B. eine gelegentliche Vergesslichkeit mit Amnesien von Minuten als leicht zu werten (Grad 2). Eine mäßige Amnesie läge z. B. dann vor, wenn es mehrere umschriebene »Aussetzer« von bis zu mehreren Stunden gäbe (Grad 3). Als schwer gälten anhaltende amnestische Episoden von mehreren Stunden und länger oder so ausgeprägte Erinnerungsprobleme, die mit normaler Vergesslichkeit nicht erklärt werden können. Patienten und Patientinnen berichten dann z. B., dass sie sich an eine Prüfung, die eigene Hochzeit oder die Geburt des Kindes nicht mehr erinnern können oder dass sie plötzlich nicht mehr wissen, wie man Klavier spielt, obwohl die Betroffene ein paar Tage zuvor noch ein Konzert gegeben hat. Die Einteilung der Schweregrade ist im Interview durch Beispiele operationalisiert.

Bei *Depersonalisation* kann z. B. gefragt werden, ob man sich jemals so gefühlt habe, als ob man sich von einem Punkt außerhalb seines Körpers beobachte (oder sich aus der Entfernung sehe oder ob man einen Film über sich selbst sehe). *Derealisation* fragt nach dem Gefühl, ob vertraute Umgebungen oder Menschen ungewohnt oder unwirklich erscheinen. Bei *Identitätsunsicherheit* wird z. B. nach dem Gefühl gefragt, ob im Inneren ein Kampf stattfinde, auch darum, wer man eigentlich sei. Diese Erfahrungen lässt man sich genauer schildern und fragt, wie oft dies vorkomme. Eine wichtige Frage zum *Identitätswechsel* ist zum Beispiel, ob man sich jemals so gefühlt oder so verhalten habe, als sei man ein Kind/eine völlig andere Person, oder ob einem erzählt worden sei, dass man sich wie ein Kind/wie eine völlig andere Person verhalten habe. Dieses andere (kindliche) Verhalten lässt sich der Interviewer genauer schildern oder beschreiben. Er fragt nach, was der Patientin von Anderen über ihr Verhalten erzählt worden sei, als sie eine andere Person zu sein schien (»Was wurde Ihnen gesagt? Wie oft haben Sie das erlebt?«).

Gegebenenfalls ist es für die Interviewer und Interviewerinnen auch möglich, nicht vorgegebene Fragen in das Interview zu integrieren, so dass sie optimal auf die spezielle Symptomatik und die Besonderheiten des jeweiligen Einzelfalles eingehen können.

In die Auswertung des Interviews gehen neben den verbalen Antworten der Befragten auch nonverbale Äußerungen und während des Interviews beobachtbare Anzeichen von Dissoziation ein. Solche wären zum Beispiel Amnesien für vorherige Interviewfragen, Trancezustände oder auffällige Wechsel in Verhalten und Erleben der Patientinnen. Nach Abschluss des Interviews wird auf der Basis aller verfügbaren Informationen für jedes der fünf Hauptsymptome eine Einschätzung des Schweregrades (von 1 bis 5) der Symptomatik vorgenommen. Der Gesamtinterview-Score ergibt sich aus der Summe der fünf Symptomscores. Anschließend erfolgt eine diagnostische Einschätzung, ob eine bzw. welche dissoziative Störung vorliegt.

Für die gesamte Durchführung des Interviews einschließlich der Auswertung werden je nach Komplexität der dissoziativen Symptomatik ca. eine halbe bis 2½ Stunden benötigt. Die Anwendung des Interviews setzt eine längere Einarbeitungszeit bzw. ein spezielles Training und ausreichende klinische Erfahrungen voraus.[221] Die Anwendung des SKID-D ist für diejenigen KollegInnen sinnvoll, die mit hoch dissoziativen Patientinnen arbeiten. Auch wenn man vielleicht nicht das vollständige Interview durchführen möchte, sind die dort aufgeführten Fragen hilfreich, um die spezifischen Symptome präziser zu erfassen. SKID-D-Fragen können auch in eine offene klinische Befunderhebung integriert werden.

3.7.1 Durchführung des SKID-D

Patientinnen sollten mit einigen einleitenden Worten auf das Interview vorbereitet werden. So kann man ihnen erklären, dass es sich um eine Untersuchung handelt, um die von ihnen angegebene Symptomatik näher und gründlicher zu untersuchen Im Überweisungskontext ist es sinnvoll, sich hierfür einen Extratermin zum Kennenlernen der Patientin und zur

---

221 Steinberg (1994b; 1995)

3.7 Strukturiertes Klinisches Interview für Dissoziative Störungen, SKID-D

Vorbereitung Zeit zu nehmen. Beim eigentlichen Interview ist es wichtig, der Patientin eine Atmosphäre von Akzeptanz zu vermitteln und das Interview als einen positiven und hilfreichen Aspekt in der Therapie einzuführen. Die Erfahrung zeigt, dass die meisten Patientinnen überrascht und erleichtert darüber sind, wenn ihrer als quälend erlebten Symptomatik so viel unerwartete Aufmerksamkeit geschenkt wird. Dadurch hat die Untersuchung für viele Patientinnen einen entlastenden und ermutigenden Charakter. Obwohl Traumatisierungen nicht direkt erfragt werden, berichten Patientinnen häufig spontan davon, wenn sie nach spezifischen Symptomen befragt werden.

Nach Abschluss des Interviews sollte man den Patienten und Patientinnen die Möglichkeit für eine Rückmeldung geben. Häufig äußern Patientinnen spontane Erleichterung darüber, dass sie so präzise über ihre Symptomatik befragt werden und fühlen sich dadurch ernst genommen. Viele sind erleichtert darüber, dass das Offenbaren ihrer Symptome nicht ihre Befürchtung bestätigt,»verrückt« zu sein oder für verrückt gehalten zu werden. Ein kurzes Ergebnis der Untersuchung sollte bereits am Ende des Interviews gegeben werden und dann ausführlicher in einem weiteren Nachgespräch erörtert werden. Hier sollte der Patientin die Gelegenheit gegeben werden, darüber sprechen zu können, welche Gedanken, Überlegungen und Gefühle das Interview in ihr ausgelöst hat. Die Therapeutin wiederum gibt Rückmeldung über die erhobenen Befunde und die daraus resultierenden Behandlungsempfehlungen und weiteren therapeutischen Schritte. Grundsätzlich ist es hilfreich, der Patientin dissoziative Symptome als suboptimalen Lösungsversuch zu erklären: als sinnvolle und kreative Anpassungsreaktion auf (zurückliegende) belastende Lebensereignisse, die gleichzeitig aber auch Anpassung verhindert. Dissoziative Symptome sind als ernstzunehmende Beeinträchtigung zu würdigen, die man inzwischen durch Therapie positiv beeinflussen kann. Zudem ist es wichtig, die weiteren therapeutischen Schritte zu besprechen. Wenn die Therapie nicht vom Interviewer selbst durchgeführt werden kann, sollte eine realistische Einschätzung hinsichtlich der Therapievermittlung gegeben werden, zumal es bislang häufig schwierig ist, Patientinnen, insbesondere mit schweren dissoziativen Störungen, in eine längerfristige ambulante Therapie zu vermitteln.

Wie bei allen posttraumatischen Störungsbildern sollte jede Befunderhebung und insbesondere die Exploration traumatischer Erfahrungen behutsam erfolgen, um unkontrolliertes Wiedererleben traumatischer Erinnerungen zu vermeiden. Dies gilt auch für Patientinnen mit dissoziativen Störungen. Darüber hinaus sollte man sich bewusst sein, dass auch das Erfragen der Dissoziativen Symptome »triggern« kann, also traumatische Erinnerungen hervorrufen kann. Auch beim Einsatz strukturierter Fragebögen ist dies zu beachten. Obwohl der oben beschrieben SKID-D keinerlei Fragen zu traumatischen Erfahrungen enthält, berichten Patientinnen oft spontan über traumatische Erfahrungen im Zusammenhang mit der Evaluation der Symptome. Hier kann es eine Gratwanderung werden, einerseits wichtige Informationen zum Ausmaß und Ausgestaltung der dissoziativen Symptome zu erhalten und andererseits Retraumatisierungen zu vermeiden. Therapeutinnen sollte sich bewusst sein, dass Fragen nach Dissoziation gegebenenfalls auch dissoziative Zustände wie Trance und Stupor hervorrufen können, und sie sollten über Interventionstechniken verfügen, um dissoziative Zustände zu durchbrechen. Dies zeigt das folgende Interviewbeispiel, bei dem es am Ende der Untersuchung zu einem Zwischenfall kommt, bei der die Patientin aktive therapeutische Unterstützung benötigt, um sich wieder situationsgerecht orientieren zu können.

3.7.2 SKID-D-Diagnosestellung anhand des Fallbeispiels von Frau L.

Die 41-jährige, verheiratete Wissenschaftlerin Frau L. kommt erstmalig für eine psychiatrisch-psychotherapeutische Behandlung in die Klinik. Bisher habe sie gemeinsam mit ihrem Mann (46) und ihren zwei Kindern (4 und 7) ein weitestgehend »normales Leben« geführt. In den letzten Monaten habe sie jedoch eine deutliche Verschlechterung ihres Befindens und ihres »Erlebens der Realität« festgestellt. Zudem vergesse sie immer häufiger, was die letzten Stunden geschehen sei, habe ständig Albträume und sei durch ihren Mann und Kollegen wiederholt darauf aufmerksam gemacht worden, dass sie sich »sehr merkwürdig und völlig verändert« verhalten habe. Sie selbst habe jedoch keinerlei Erinnerungen an etwaige Ereignisse.

3.7 Strukturiertes Klinisches Interview für Dissoziative Störungen, SKID-D

Die Symptome und Erlebnisse der letzten Zeit würden ihr »extreme Angst« bereiten. Begonnen haben diese, nachdem eines ihrer Kinder jenes Alter erreicht hatte, in dem sie selbst »schlimme Kindheitserfahrungen« gemacht habe, an die sie jedoch nur ganz vage Erinnerungen habe.

Zur weiteren Abklärung der dissoziativen Symptomatik bieten wir Frau L. an, das SKID-D, durchzuführen. Da sie sich eine Erklärung für die neuerdings auftretenden und sehr belastenden dissoziativen Symptome und Amnesien wünsche, würden wir gern herausfinden, welche Symptome in welchem Ausmaß vorliegen, und das Interview sei hierfür besonders geeignet.

Im SKID-D zeigten sich folgende signifikante Ergebnisse:

Amnesien: *Frau L. berichtet von einer massiven Zunahme amnestischer Phasen während der vergangenen sechs Monate. Es passiere ihr immer wieder, dass sie »plötzlich Zeit verliere«. Seither erlebe sie nahezu ständig, dass sich ihr Tag lediglich »aus Bruchstücken zusammensetzt«. Mehrmals am Tag verliere sie plötzlich Zeit, mehrere Minuten bis hin zu einigen Stunden fehlten ihr. Die Erinnerung an tägliche Aktivitäten falle ihr zunehmend immer schwerer. Wenn sie durch ihren Mann darauf aufmerksam gemacht werde, dass sie etwas im Haushalt (z. B. die Treppe wischen, kochen) bereits verrichtet habe, erinnere sie sich nicht mehr daran. Vor einigen Tagen habe sie zur Schule ihrer Kinder fahren wollen, um diese abzuholen. Dort angekommen wurde ihr von der sichtlich verwunderten Lehrerin mitgeteilt, Frau L. habe die Kinder doch bereits vor einer Stunde abgeholt.*

Vor allem wenn es ihr nicht gut ginge oder sie Stress oder konfliktreiche Situationen durchlebe, würden diese »Zeitverluste« immer häufiger auftreten. Hinzu kommt, dass Frau L. berichtet, an längere Episoden ihrer Kindheit (mehrere Jahre) keinerlei Erinnerung mehr zu haben. Sie habe lediglich »ein sehr schlimmes Gefühl im Körper«, wenn sie versuche, an diese Zeit zu denken.

Frau L. gibt an, **Depersonalisationserlebnisse** *seien in den letzten Monaten beinahe täglich aufgetreten. Das dominierende Empfinden sei ein »Hinter-sich-Stehen«. So sehe sie sich beinahe ununterbrochen »beim Handeln zu« und erlebe sich bei der Verrichtung alltäglicher Aktivitäten. Dieses Erleben halte meist 15 bis 30 Minuten an und werde dann etwas besser. Vor allem bei Intimkontakten mit ihrem Ehemann seien diese Symptome besonders* schwerwiegend. So berichtet sie, beim letzten Intimkontakt eine Zeit lang über dem Bett geschwebt zu haben bis hin zum »völligen Blackout«.

Auf die Frage nach **Derealisation** berichtet Frau L. Folgendes: Sie leide täglich unter schweren Derealisationen. So habe sie nahezu andauernd den Eindruck, die Welt um sie herum sei »nicht real« und ihr Leben würde eigentlich »woanders, in einer anderen Welt stattfinden«. Ihr bekannte Orte würden sich seit einiger Zeit »völlig fremd« anfühlen und sie habe das Gefühl, aus einem Traum nicht mehr aufzuwachen. Zwischendurch erlebe sie dann wieder »klare Momente« in denen es ihr besser ginge und sie sich vergewissere, dass sie »tatsächlich in ihrem Leben stecke«. Die stetige Neu- und Umorientierung mache ihr sehr zu schaffen, und sie habe das Gefühl, »das alles nicht mehr länger auszuhalten«. Vor allem dann, wenn sie längere Zeit nicht in ihrem vertrauten Zuhause wäre, sich an einem gewohnten Ort aufhielte, würden diese Symptome zunehmen.

Identitätsunsicherheit wird von Frau L. als andauernde und »furchtbare« Verwirrung über »das eigene Ich« empfunden. So erlebe sie nahezu kontinuierlich einen »inneren Kampf«, der in ihrem Kopf stattfände. Sie höre Stimmen, die ihr drohen würden, sie »... solle nichts in der Therapie erzählen, sonst widerfahre ihr Grausames«. Sie selbst wolle jedoch unbedingt über die Erlebnisse sprechen. Durch diese inneren Konflikte sei sie zudem ständig sehr verunsichert »wer sie eigentlich sei«. Bereits in der Kindheit habe sie sich teilweise nicht als Mädchen gefühlt, obwohl sie sich ihres weiblichen Geschlechts bewusst war. »Es fühlte sich einfach nicht an wie ich, nichts in und nichts an mir«.

Die Exploration von **Identitätswechseln** ergibt mannigfaltige Anzeichen. Auf die Frage, ob sie manchmal eine völlig andere Person/ein Kind zu sein scheint oder entsprechende Rückmeldung von anderen erhalten habe, beschreibt sie: Ihr Ehemann habe sie in den letzten Monaten vermehrt darauf angesprochen, dass sie sich wie ein Kind verhalten habe. So habe sie z. B. beim Essen wie ein Kind auf dem Teller herumgematscht. Des Weiteren habe sie wiederholt Verhaltensweisen, Sprachstile sowie Tätigkeiten gezeigt, die denen einer männlichen Person gleichen würden. In diesen Phasen sei sie vor allem durch aggressives Auftreten und verbale Aggression gegenüber ihrem Mann aufgefallen. Die Schilderung dieser Ereignisse bereitet Frau L. sichtlich große

Schwierigkeiten. Bei der Frage, ob bestimmte Fähigkeiten oder Kenntnisse Schwankungen unterliegen, gibt sie an, plötzlich nicht mehr gewusst zu haben, wie man den Computer an ihrer Arbeitsstelle bedient oder das Auto startet. Diese »Aussetzer« seien bereits mehrmals vorgekommen und hielten mehrere Stunden an.

Auf die Frage hin, ob sie sich jemals so gefühlt habe, als ob sie aus mehreren Personen bestünde, kommt es zu einem Zwischenfall: Frau L. beginnt auf ihrem Stuhl hin- und herzurutschen und verfällt plötzlich in einen tranceartigen Zustand. Die Augen verdrehen sich und Frau L. sackt in ihrem Stuhl zusammen. In den folgenden 2 Minuten sitzt Frau L. zitternd in ihrem Stuhl und reagiert auf keinerlei Reize, weder verbal noch olfaktorisch. Der Therapeut bietet ihr eine Aromaflasche an, doch die Patientin reagiert nicht. Nach ca. 2 Minuten richtet sie sich erneut auf und sieht den Interviewer, nun mit völlig veränderter feindseliger Körperhaltung und Mimik, verstört an. Als der Therapeut sie mit »Hallo Frau L., hören Sie mich wieder?« anspricht, antwortet sie mit veränderter tiefer Stimme mit einem »Nein! Wer ist diese Frau L.?«. Sie wirkt defensiv, misstrauisch und hoch aggressiv. Sie beschimpft den Interviewer, stammelt einige unverständliche Worte und fällt dann wieder in Trance.

Kurze Zeit später macht sie eine abschüttelnde Körperbewegung und ist wieder als Frau L. ansprechbar. Sie lässt sich mittels Wahrnehmungsübungen zeitlich und räumlich reorientieren. Auf die Frage hin, was denn gerade vorhin geschehen sei und ob sie sich an die letzten fünf Minuten erinnern könne, gibt Frau L. unter Tränen an, vollkommen amnestisch zu sein und sich für den Kontrollverlust sehr zu schämen. Zum Abschluss des Interviews berichtet sie, die unterschiedlichen Anteile seien zwar sehr eigenständig, dennoch auch Teile ihrer eigenen Persönlichkeit. Sie leidet jedoch stark unter diesem Zustand der »unterschiedlichen Anteile« und würde sich lieber wieder wie früher fühlen wollen.

3.7.3 Schweregradbeurteilung

Die umfassenden und detaillierten Antworten von Frau L. auf die Fragen des SKID-D erlauben eine valide und reliable Beurteilung des Schwere-

3 Wie kann man dissoziative Störungen erkennen?

grades der vier Dimensionen sowie eine Diagnosestellung nach den Kriterien des DSM-IV. Zur Beurteilung der Dimensionen Amnesie, Depersonalisation, Derealisation, Identitätsunsicherheit und Identitätsänderung liegen im Manual Kriterien vor, anhand derer eine Einteilung in *leicht*, *mäßig* und *schwer* vorgenommen werden kann. Je nach Anzahl und Schwere der jeweiligen Symptome, kann somit durch den Kliniker eine operationalisierte und klinische Einschätzung vorgenommen werden. Im Fall von Frau L. ergab sich das folgende Schweregradprofil:

- **Amnesie:** Aufgrund der schweren und beinah täglich auftretenden Amnesien sowie einer langjährigen Episode, die frühe Kindheit betreffend, können die amnestischen Symptome von Frau L. als schwer bezeichnet werden.
- **Depersonalisation:** Die berichteten, eher kurzen Depersonalisationsepisoden von Frau L. ließen sich nach näherer Exploration in den meisten Fällen als durch akuten Stress induzierte Reaktionen beschreiben. Zusammen mit einer Dauer von wenigen Minuten können die Depersonalisationserlebnisse von Frau L. somit als mäßig beschrieben werden. Das wiederholte Erleben von Derealisation während sexueller Aktivitäten, teilweise mit anschließendem Blackout dagegen muss als schwer eingeschätzt werden.
- **Derealisation:** Die täglichen, schweren Derealisationserlebnisse von Frau L. erfüllen die Kriterien für eine schwere Derealisation, da diese somit täglich eine massive Einschränkung in nahezu allen Lebensbereichen bewirken.
- **Identitätsunsicherheit:** Die massiven und anhaltenden inneren Kämpfe sowie die damit einhergehende Verschlechterung der sozialen Beziehungs- und Arbeitsfähigkeit von Frau L. weisen eindeutig auf eine *schwere* Ausprägung der Symptomatik hin. Zudem werden die Symptome nicht ausschließlich durch Stress hervorgerufen und gehen wiederholt mit dem vollständigen Verlust des eigenen Identitätserlebens einher.
- **Identitätswechsel:** Hinweise für Identitätswechsel ergeben sich aus der Rückmeldung, die Frau L. von ihrem Ehemann erhält: Es wird Verhalten »wie ein Kind« oder »wie ein Mann« beschrieben. Auch beobachtet die Patientin an sich den vorübergehenden Verlust sonst all-

3.7 Strukturiertes Klinisches Interview für Dissoziative Störungen, SKID-D

täglicher Fertigkeiten (Autofahren, Computer bedienen). Zudem zeigt die Patientin während des Interviews eine deutliche, ausgestanzte, Minuten anhaltende Befundänderung nach kurzer Trance: Mimik, Gestik, Stimmintonation sowie die emotionale Gestimmtheit und Art der Kontaktaufnahme ändern sich. Anstatt kooperativ und freundlich gestimmt zu sein, ist die Patientin plötzlich feindselig, misstrauisch und spricht von sich in der dritten Person. Sie ist weder zur Situation noch zur eigenen Person orientiert. Nach dem Wechsel in den ursprünglichen Zustand ist sie amnestisch für das Geschehen. Damit sind die Kriterien für einen Persönlichkeitswechsel erfüllt und der Identitätswechsel ist als *schwer* einzustufen.

In allen fünf Bereichen ist somit der Schweregrad der Symptomatik als »schwer« einzuschätzen und die Diagnose einer Dissoziativen Identitätsstörung kann sichergestellt werden. Es ist allerdings zu betonen, dass es bei der Diagnosestellung mit dem SKID-D nicht erforderlich ist, einen Persönlichkeitswechsel unmittelbar beobachtet zu haben. Im DSM-5 wird dies auch nicht mehr erforderlich sein, zumal ein solcher Wechsel eher selten ist, insbesondere im Erstkontakt. Um die Kriterien eines Identitätswechsels als schwer einzustufen, würde auch die Beschreibung der Patientin, abgetrennte Persönlichkeitsanteile in sich zu haben, bereits genügen. Manche Patientinnen beschreiben ein elaboriertes inneres Persönlichkeitssystem mit der entsprechenden Arbeits- und Rollenaufteilung im Alltag. Oft können Patientinnen darüber aber, vor allem zu Beginn der Behandlung, noch gar keine Auskunft geben, da sie selbst noch wenig Kontakt zu den abgespaltenen Persönlichkeitsanteilen haben. Unter Umständen imponiert die Erkrankung im Interview zunächst laut DSM als Andere Näher Bezeichnete Dissoziative Störung, Beispiel 1 mit dem Verdacht auf eine DIS, so dass die Wiederholung der Diagnostik zu einem späteren Zeitpunkt (ca. in einem halben Jahr) sinnvoll sein kann. In der ICD-11 kann dann eine partielle DIS codiert werden.

4 Behandlungsansätze

Wir haben in den vorhergehenden Kapiteln beschrieben, dass es bei Dissoziation der Persönlichkeit durch Trauma 1. zu einer Aufspaltung der Gesamtpersönlichkeit in traumabesetzte und traumaphobische Anteile kommt, dass 2. diese Aufspaltung unterschiedlich schwer sein kann und einem bestimmten biologisch vorgegebenen Muster folgt und dass 3. die Schwere der Dissoziation sich an charakteristischen Symptomen zeigt. Wir haben ferner beschrieben, dass diese Muster oft diskret und von anderen, komorbiden Symptomen und Störungen überlagert sind und dennoch mit entsprechenden Fragen gut identifiziert werden können. In diesem Kapitel soll es nun darum gehen, wie durch therapeutische Interventionen die dissoziativen Symptome und Störungen positiv beeinflusst werden können. Die Herangehensweise zur Behandlung dissoziativer Störungen ist dabei abhängig von der Art und Schwere der Dissoziation, vom Vorhandensein möglicher komorbider Störungen sowie vom vorherrschenden Funktionsniveau der Patientinnen. Störungsspezifische Interventionen, die gezielt dissoziative Symptome ansprechen, müssen grundsätzlich in einen integrativen Gesamtbehandlungsplan eingebettet sein, der sich an den auch sonst üblichen therapeutischen Standards orientiert.[222] Hinsichtlich der Art der dissoziativen Störung haben wir bereits die Einteilung in ICD und DSM vorgestellt sowie eine Einteilung anhand des Modells der strukturellen Dissoziation (▶ Kap. 1.5). Während man bei den einfachen Dissoziativen Störungen vor allem an den auslösenden Situationen arbeitet, um die Dissoziation zu überwinden, sind bei den komplexen dissoziativen Störungen – mit sekundärer und tertiärer struktureller Dissozia-

---

222 siehe Leitlinien zu PTBS Schäfer et al. (2019); und cPTBS Wöller et al. (2012) sowie Steele et al. (2017)

tion (und entsprechender *Aufspaltung der Persönlichkeitsorganisation* wie bei der DIS und partieller DIS) – zusätzliche störungsspezifische Interventionen im Kontext eines phasenorientierten Vorgehens zu beachten. Grundsätzlich wird ein Ansatz empfohlen, der die spezifische Symptomatik sowie interpersonelle und intrapsychische Prozesse berücksichtigt. Sowohl psychodynamische als auch kognitiv-behaviorale Ansätze zielen darauf ab, abgespaltene Erinnerungen und Persönlichkeitsbereiche oder umfassendere Persönlichkeitsanteile wahrzunehmen, die damit verbundenen Affekte und Ängste auszuhalten und die Integration zu einem einheitlichen Selbstempfinden zu ermöglichen, so die Expertenempfehlung der International Society for the Study of Dissociation.[223] Aus psychodynamischer Perspektive bedeutet dies die Entwicklung eines integrierten psychischen Funktionierens durch Überwindung von Konflikten, aber auch von Entwicklungsdefiziten, die aus den wiederholten Traumatisierungen entstanden sind. Die Lösung dieser Konflikte und Nachreifung der Defizite reduziert die Notwendigkeit, die dissoziative Abwehr aufrechtzuerhalten oder auszuagieren. Damit diese störungsspezifische Herangehensweise positive Therapieeffekte zeigen kann, muss eine gute therapeutische Beziehung[224] aufgebaut werden. Diese sollte von einer akzeptierenden, offenen, aktiv zuhörenden und mitfühlenden Arbeitshaltung gekennzeichnet sein, wie sie z. B. in den Fallbeschreibungen von Chefetz oder Steele et al. vermittelt wird.[225]

4.1 Einfache dissoziative Störungen

Störungsspezifische Therapie der Wahl bei dissoziativen Reaktionen und einfachen dissoziativen Störungen ist die Arbeit an den Auslösern. Dieser Technik liegt die Erfahrung zu Grunde, dass Patientinnen mit dissoziativen

---

223 ISSTD-Guidelines (2011); deutsche Bearbeitung: Gast & Wirtz (2022)
224 Wampold (2010)
225 Chefetz (2015); Steele et al. (2017)

Störungen bei Belastungen in Ermangelung anderer Bewältigungsmechanismen mehr oder weniger regelmäßig mit Dissoziation reagieren. Dieser durch physiologische Vorgänge gebahnte Prozess erfährt häufig im Laufe der weiteren Entwicklung eine psychologische Überformung und kann sich zu einem gewohnheitsmäßigen Mechanismus in Stresssituationen »einschleifen«. Aus dem ehemaligen Schutzmechanismus wird somit ein Vermeidungsmechanismus, der hinderlich ist, um eine Situation angemessen zu bewältigen. Auch verhindert eine habituelle Dissoziation z. B. in Form von Depersonalisation und Derealisation häufig die Integration neuer emotionaler Erfahrungen während einer Therapiestunde und schmälert somit therapeutische Fortschritte.[226] Bei dissoziativen Amnesien kann die gesamte Therapiestunde schlichtweg vergessen und somit nicht integriert werden.

Dissoziative Reaktionen müssen daher aktiv angegangen werden und durch neue Lösungsstrategien ersetzt werden. Im Schutzraum der Therapie wird die Patientin behutsam damit konfrontiert, den Bewältigungsmechanismus der Dissoziation nach und nach aufzugeben und durch andere Strategien zu ersetzen. Dabei ist es hilfreich zu vermitteln, dass die dissoziative Bewältigung in der traumatischen Situation als Notfallmaßnahme sinnvoll war, sich dann aber zunehmend verselbstständigte und für die aktuelle Lebenssituation dysfunktional geworden ist.

4.1.1 Auslöser erkennen

Wenn dissoziative Symptome bei Patientinnen wahrgenommen werden, ist es wichtig, diese genau zu beobachten: Wann, in welcher Situation, bei welchem Thema, bei welcher therapeutischen Intervention ist die dissoziative Reaktion aufgetreten? Was hat die Therapeutin an der Patientin beobachtet? Was hat die Patientin an sich wahrgenommen? Neben der unmittelbaren Beobachtung an der Patientin können dissoziative Reaktionen aber auch in der Gegenübertragung spürbar werden: Gefühle von Langeweile und abgelenkt sein oder sich nicht mehr im Kontakt mit der

---

226 Ebner-Priemer et al. (2009)

Patientin fühlen geben Hinweise auf Depersonalisations- und Derealisationsprozesse.

Dissoziative Reaktionen dienen häufig der Vermeidung schmerzhafter Affekte. Da die Patientinnen in der Regel keine primären Bezugspersonen hatten, die ihnen bei der Regulierung und Modulation ihrer Affekte zur Verfügung standen, haben sie den Umgang mit Affekten nicht gelernt. In traumatischen Situationen wurden Affekte als überwältigend und quälend erlebt, so dass Gefühle jeglicher Art häufig aus dem normalen Leben ausgeklammert und abgekapselt wurden. Damit stehen ihnen Gefühle zur Regulation ihrer Bedürfnisse häufig gar nicht mehr zur Verfügung. So können Gefühle häufig nur als »entweder-oder«, »aus-oder-an« wahrgenommen werden, d. h. entweder als gar nicht vorhanden oder als überwältigend und quälend. Patientinnen haben oft gelernt, jegliche Gefühle aus der Alltagsbeziehung herauszuhalten.

In der therapeutischen Situation wird an diesem Defizit gearbeitet, in dem die Therapeutin ihre eigenen, in der Interaktion mit der Patientin entstandenen Gefühle reflektiert, benennt und somit der Patientin zur Verfügung stellt. Hierbei ist es wichtig, auf »Umschlagpunkte« zu achten, in denen Gefühle »weg-dissoziiert« werden. Die Patientin sollte zur Selbstbeobachtung ermutigt werden und lernen, diese gefühlsmäßigen Veränderungen an sich zunehmend besser und sicherer festzustellen. Die Arbeit an den Auslösern, das Benennen von Affekten sowie die Stärkung der Affekttoleranz sind also wichtige Techniken zur Bearbeitung dissoziativer Symptome wie Depersonalisation, Derealisation und Trance und Amnesien bei entsprechenden dissoziativen oder anderen psychiatrischen Störungen, z. B. Borderline-Persönlichkeitsstörungen.[227]

4.1.2 Übungen zur Selbstbeobachtung

Haddock[228] nennt verschiedene Übungen zur Selbstbeobachtung, die den betroffenen Patientinnen bei der Erarbeitung neuer Coping-Mechanismen

---

227 Spiegel et al (2012); Loewenstein et al. (2017); Gast (2004b)
228 Haddock (2001)

helfen können.[229] Ziel dieser Übungen ist es, in der Situation »dazubleiben«. Der erste Schritt hierfür ist die bewusste Selbstwahrnehmung und Selbstbeobachtung, ohne eine Beurteilung vorzunehmen. Wenn die Patientin eine dissoziative Reaktion an sich beobachtet, sollte sie einen Moment verharren und folgende Fragen beantworten:

1. Was ist gerade passiert, bevor die Dissoziation begann? In welcher Situation war ich gerade?
2. Was habe ich gerade gefühlt, körperlich und emotional?
3. Was ist das Letzte, an das ich mich erinnern kann? (wichtige Frage bei dissoziativen Amnesien)
4. Woran habe ich die Dissoziation bemerkt?
   a. Ich fing an, hin- und herzuschaukeln – mich wie im Nebel zu fühlen – innerlich ganz weit weg zu gehen ...
   b. Ich hörte auf, zu reden – klar zu denken – Blickkontakt herzustellen ...
   c. Ich fing an, mir Gedanken zu machen bzw. nachzugrübeln, dass ich sterben könnte – man den Menschen nicht trauen kann – dass ich nie etwas richtig mache ....
5. Was habe ich versucht zu vermeiden (z. B. Auseinandersetzung im Gespräch, sich zur Wehr setzen, sich abgrenzen oder: Nähe zuzulassen).
6. Was hätte ich stattdessen tun können?

Zu Beginn der Therapie werden die Patientinnen viel therapeutische Unterstützung brauchen, um diese Fragen beantworten zu können. Ein wichtiges Zwischenziel ist erreicht, wenn im weiteren Verlauf die Patientin die Fragen zunehmend selbst beantworten kann und somit Kontrolle über die Dissoziation erlangt.

4.1.3 Fallbeispiel

Mit Frau K. wurden entsprechende Abmachungen getroffen, um Depersonalisations- und Trancesymptome sowie Amnesien zu behandeln. Insbesondere

---

229 ebenda

wird die Vereinbarung getroffen, nicht »öffentlich« und offenkundig zu dissoziieren, weil andere dadurch geängstigt und erschreckt sein könnten. In einem strukturierten, ressourcenorientierten Gruppenprogramm hat Frau K. die Aufgabe, in Kontrolle zu bleiben, auf beginnende Anzeichen einer Dissoziation zu achten und sich zunächst nur darauf zu konzentrieren. Die Schutzfunktion der Dissoziation wird in der Gruppe benannt und das Ziel formuliert, daran zu arbeiten, etwas »noch Besseres« zu finden. Von anderen Gruppenmitgliedern erhält sie Ermutigung, wenn es ihr gelungen ist, bei belastenden Themen rechtzeitig »Stopp« zu sagen oder die Gruppe kurzzeitig zu verlassen, was in diesem Setting regelkonform ist. Sie bekommt hilfreiche Rückmeldung von anderen Gruppenmitgliedern, die oft vor ihr die Dissoziation am abwesenden Blick bemerken und sie taktvoll ansprechen. Die Gruppe freut sich mit ihr, wenn es ihr schließlich möglich war, eine ganze Gruppenstunde präsent zu bleiben. Der sachliche und wohlwollende, aber auch Grenzen setzende Umgang der Therapeutin mit dem Symptom dient hierbei als hilfreiches Modell in der Gruppe. Eine Grenze für die Gruppenarbeit wäre erreicht, wenn die Patientin z. B. in einen länger anhaltenden Trancezustand abgleitet. Sollte dies passieren, müsste die Gruppe vorübergehend für einige Minuten unterbrochen werden, um die Patientin zu reorientieren, und gegebenenfalls müsste die Indikation für die Gruppenteilnahme überprüft werden.

4.2 Komplexe dissoziative Störungen: DIS und partielle Form

Ist von dem dissoziativen Funktionieren nicht nur das Gedächtnis und die Wahrnehmung, sondern auch das Selbsterleben betroffen, reicht die Arbeit an den Auslösern allein nicht aus, um die Dissoziation wirkungsvoll zu behandeln. Nach dem Modell der strukturellen Dissoziation haben wir es dann mit sekundärer und tertiärer Dissoziation zu tun, also mit einer Aufspaltung emotionaler Subsysteme, die sich im Laufe der Persönlichkeitsentwicklung »verselbständigt« haben. Wie bei den einfachen dissoziativen Störungen (primäre Dissoziation) geht es auch hier um die Integration gefürchteter mentaler Inhalte. Da die Aufspaltung jedoch weitaus komplexer ist, muss die Behandlung sehr viel stärker an die momentanen integrativen Fähigkeiten der Patientinnen angepasst sein. Die Behandlung betrifft hauptsächlich die Auflösung der strukturellen Dissoziation der Persönlichkeit, indem die Therapeutin sich als eine Art Mediatorin zur Verfügung stellt und die Patientin dabei ermutigt, die dissoziierten mentalen Systeme und deren Inhalte miteinander in Kontakt zu bringen. In vorsichtig geplanten Schritten wird die Integration unterstützt und Re-Dissoziation verhindert.[230] Therapeutisch geht es zunächst um die Überwindung der tertiären Dissoziation (voneinander dissoziierte ANPs) und der sekundären Dissoziation (voneinander dissoziierte EPs), bevor die Bearbeitung der primären Dissoziation möglich ist. Eine Exposition mit traumatischen Erfahrungen und Erinnerungen ist erst dann sinnvoll, wenn ein möglichst hoher mentaler Funktionsgrad erreicht worden ist.

4.2.1 Phasenorientiertes Vorgehen

Allein die Fülle an Symptomen, Beeinträchtigungen und Problemen stellt ähnlich wie bei Borderline-Patientinnen oder anderen komplexen Posttraumatischen Störungen eine ziemliche Herausforderung für Therapeutinnen dar. Umso wichtiger ist die Orientierung an den – auch sonst gültigen Standards – zur Behandlung komplexer Posttraumatischer Störungen, von der nicht grundsätzlich abgewichen werden soll. Zusätzlich werden jedoch störungsspezifische Interventionen benötigt, um die dissoziierten Persönlichkeitsanteile zu erfassen. Bevor hierauf genauer eingegangen wird, soll zunächst ein Überblick über die aktuellen Expertenempfehlungen gegeben werden.[231]

---

230 Nijenhuis et al. (2003)
231 ISSTD Guidelines (2011); Gast & Wirtz (2022); Reinders et al. (2020)

4.2.2 ISSTD-Experten-Empfehlung im Überblick

Die Herangehensweise zur Behandlung der Dissoziativen Identitätsstörungen und ihrer Subform, ist abhängig von der Art und Schwere der Dissoziation, vom Vorhandensein möglicher komorbider Störungen sowie vom vorherrschenden Funktionsniveau der Patientinnen. Störungsspezifische Interventionen werden in einen Gesamtbehandlungsplan eingebettet sein, der sich an den therapeutischen Standards für Komplexe Posttraumatische Störungsbilder orientiert. Diese lassen sich am besten in sequentiellen Phasen behandeln, die Folgendes beinhalten: Phase 1: Sicherheit, Stabilisierung und Reduktion der Symptome, Förderung von Mentalisierung; Phase 2: Konfrontation, Durcharbeiten und Integration von traumatischen Erinnerungen; Phase 3: Integration der Identität und Rehabilitation.[232] Eingebettet in dieses basale Phasenmodell, werden zusätzlich Interventionen integriert, die darauf abzielen, dissoziierte Persönlichkeitsanteile wahrzunehmen, die damit verbundenen Affekte und Ängste auszuhalten und die Integration zu einem einheitlichen Selbstempfinden zu ermöglichen.[233] Die Evidenz dieser Herangehensweise ist durch erste Therapiestudien und eine Metaanalyse gestützt.[234] Aus psychodynamischer Perspektive bedeutet dies die Entwicklung eines integrierten psychischen Funktionierens durch Überwindung von Konflikten, aber auch von Entwicklungsdefiziten, die aus den wiederholten Traumatisierungen entstanden sind. Die Lösung dieser Konflikte und Nachreifung der Defizite reduziert die Notwendigkeit, die dissoziative Abwehr aufrechtzuerhalten oder auszuagieren.[235] Für die Umsetzung dieser Schritte sind in der Regel häufig mehrjährige Behandlungen erforderlich.

---

232 Brown, Scheflin & Hammond (1998); Courtois, Ford & Cloitre (2009); Herman (1992); Huber (2010); Sack & Sachsse (2013); Van der Hart, Van der Kolk & Boon (1998); Wöller et al. (2012); Steele et al. (2017)
233 ISSTD Guidelines (2011); Gast & Wirtz (2022); Van der Hart et al. (2006/2008); Kluft (1993b); Steele et al. (2009)
234 Brand et al. (2009a); Brand et al. (2009b); Myrick et al. (2017)
235 Kluft (1992b)

4.3 Ziele der ersten Phase: Kontrolle und Stabilität

Die erste Behandlungsphase ist davon geprägt, eine tragfähige therapeutische Beziehung herzustellen und dem Patientinnen die Diagnose, die Symptomatik und den Behandlungsverlauf zu erläutern. Ziele der ersten Phase sind hierbei die persönliche Sicherheit, Kontrolle der eigenen Symptome, Affektmodulation, Aufbau von Stresstoleranz, Verbesserung des grundlegenden Funktionierens und Aufbau und Verbesserung der Fähigkeit, Beziehungen zu anderen einzugehen. Wichtige Stichworte sind hierbei das Erlernen von mehr *Selbstkontrolle* hinsichtlich der (dissoziativen) Symptome, die Etablierung einer von allen »Persönlichkeitsanteilen« akzeptierten gemeinsamen *Selbstverantwortung* sowie die Erarbeitung einer besseren *Selbstfürsorge*. Betroffene lernen gesündere Strategien im Umgang mit Dissoziation, posttraumatischem Wiedererleben, Affektregulationsproblemen, selbstschädigenden Handlungen und anderen dysfunktionalen Strategien.[236] Die Berücksichtigung der dissoziativen Symptomatik einschließlich der schrittweisen Einbeziehung der vorliegenden Persönlichkeitszustände ist entscheidend für eine erfolgreiche Behandlung.[237]

Voraussetzung zur Erarbeitung dieser Ziele ist ein verlässlicher therapeutischer Rahmen und eine sichere therapeutische Beziehung, die Hoffnung und Zuversicht vermittelt.[238]

4.3.1 Errichten von Sicherheit

Fragen und Belange der Sicherheit der Patientinnen müssen in der Behandlung vorrangig besprochen werden. Hierbei geht es sowohl um die »äußere« als auch die »innere« Sicherheit der Patientin. Hierzu gehört die Aufklärung darüber, dass Sicherheit Voraussetzung für eine erfolgreiche Therapie ist. Hierbei muss auch auf aktuelle Gefährdungen, insbesondere

---

236 Brand et al. (2019); Steele et al. (2017)
237 Jepsen et al. (2014); ISSTD Guidelines (2011)
238 Chefetz (2015)

4.3 Ziele der ersten Phase: Kontrolle und Stabilität

durch Suizidalität und selbstschädigendes Verhalten geachtet werden. Auch weiterhin bestehende Täterkontakte oder missbräuchliche Beziehungen sollten angesprochen werden. So könnte man fragen: »Sind Sie in Ihrer jetzigen Lebenssituation sicher? Oder sind Sie weiterhin Grenzüberschreitungen oder Gewalt ausgesetzt?« Auch wenn Patientinnen zu Beginn der Therapie z. B. aufgrund gravierender Amnesien darüber nicht immer korrekt Auskunft geben, senkt diese Frage doch die Schwelle, sich über dieses Problem mitzuteilen.

Obwohl mit Frau P. bereits zu Beginn der Therapie Sicherheitsbelange besprochen wurden, kann sie sich erst nach einem halben Jahr darüber mitteilen, dass sie ein missbräuchliches Verhältnis zu ihrem Vermieter hat. Unter anderem hinderten sie Scham, Amnesien für die sexuellen Handlungen, Loyalität zum Missbraucher und anfängliche Vertrauensprobleme zur Therapeutin, darüber früher zu sprechen und – in einem weiteren Schritt –, sich eine sichere Wohnsituation zu schaffen.

In Bezug auf die innere und äußere Sicherheit müssen Absprachen hinsichtlich Suizid und Selbstverletzungsimpulsen oder riskantem Verhalten getroffen werden. Hierbei bewährt es sich, die Funktion von nicht sicherem und/oder risikoreichem oder dranghaftem Verhalten zu untersuchen und zu würdigen. Im nächsten Schritt können dann entsprechend positive und konstruktivere Verhaltensweisen besprochen und entwickelt werden, um Sicherheit weiter zu gewährleisten. Gegebenenfalls müssen die entsprechenden Persönlichkeitsanteile identifiziert werden, die gefährliches oder riskantes Verhalten zeigen oder steuern und/oder nicht sicheres Verhalten kontrollieren.

Nach kränkenden und beschämenden Alltagserfahrungen überkam Frau M. regelmäßig ein dranghaftes Gefühl der Unruhe sowie der Impuls, sich aufreizend anzuziehen und das Haus zu verlassen. Sie traf sich dann zu »Onenight-Stands«, die dadurch geprägt waren, dass sie sexuelle Macht und Kontrolle über einen Mann hatte. Am nächsten Morgen hatte sie nur noch schemenhafte Erinnerungen und statt der zuvor erlebten Anspannung und Unruhe heftige Schamgefühle. Die weitere Exploration ergab, dass die sexuellen Aktivitäten von einem dissoziierten Persönlichkeitsanteil namens Lore initi-

iert wurden, der durch sexuelle Verführung wieder ein Gefühl von Kontrolle und Selbstwertstärkung zu erlangen trachtete.

In anderen Situationen können auch sadomasochistische Inszenierungen und die sexuelle Unterwerfung als Selbstbestrafung spannungsreduzierend wirken. Wenn eine solche Identifizierung gelingt und das riskante Verhalten besser verstehbar wird, können Vereinbarungen zwischen Persönlichkeitsanteilen entwickelt werden, die der Patientin helfen, Sicherheit zu gewährleisten. Im Falle von Frau M. wurde mit dem Persönlichkeitsanteil »Lore« eine Vereinbarung getroffen, nicht mehr »einfach so loszuziehen«, sondern die Wut über erlittene Kränkung in die Therapie einzubringen, mit der Aussicht, diese zunehmend dafür zu nutzen lernen, sich besser zur Wehr zu setzen.

Das Erlernen von Sicherheit umfasst viele weitere Maßnahmen zum Erlernen von Strategien, um mit Symptomen umzugehen, wie Re-Orientierungsmethoden, Krisenplanung, Selbst-Hypnose, oft auch Medikation, um Spannungszustände zu mildern und Alternativen zu gefährlichem und riskantem Verhalten zur Verfügung zu stellen. Bei Problemen mit Sucht und/oder Essstörungen kann eine zusätzliche, spezialisierte (stationäre) Behandlung erforderlich sein. Liegt häusliche Gewalt vor, braucht die Patientin entsprechende Unterstützung, um sich zu schützen, gegebenenfalls auch in Zusammenarbeit mit entsprechend ausgebildeten Beratungsstellen. Wenn der Verdacht besteht, dass die Patientin sich Kindern oder anderen gegenüber gewalttätig oder missbrauchend verhalten könnte, muss dies vorrangig geklärt werden; in gravierenden Fällen gegebenenfalls auch unter Einschaltung der Behörden, auch auf die Gefahr hin, dass dies die therapeutische Beziehung gefährdet. Wenn die eigene oder die Sicherheit anderer gefährdet ist und andere Möglichkeiten ausgeschöpft sind, sollte die Therapeutin auf einer stationären Einweisung bestehen.[239]

Grundsätzlich sollte man sich als Therapeutin vergegenwärtigen, dass suizidales und/oder selbstverletzendes Verhalten bei DIS-Patientinnen sehr häufig ist. Oft gibt es einen oder mehrere chronisch suizidale Persönlichkeitsanteile, die in bestimmten Auslösesituationen für dramatische Krisen sorgen können. Auch hier ist es wichtig, diejenigen Persönlichkeitsanteile

---

239 ISSTD Guidelines (2011); Gast & Wirtz (2022); Brand (2001)

zu identifizieren, die mit Träger oder Verursacher der Suizidimpulse oder Handlungen sind (siehe hierzu auch das Fallbeispiel im folgenden Abschnitt).

4.3.2 Aufbau einer vertrauensvollen Beziehung – Überwindung der Angst vor Bindung

Der Aufbau einer therapeutischen Beziehung sollte von Seiten der Therapeutin aktiv gestaltet werden. Eine sehr zurückgenommene und abwartende Haltung begünstigt schwere pathologische negative Übertragungsreaktionen, die vermieden oder begrenzt werden sollten. Dies ist notwendig, da diese sonst mit einer schwer beherrschbaren Intensität und Wucht auftreten können. Zudem werden häufig schnell wechselnde Übertragungsmuster ausgelöst, die für alle Beteiligten verwirrend und irritierend sind. Für die Therapeutin ist es immer wieder wichtig, von den induzierten Gegenübertragungsgefühlen einen angemessenen Abstand zu bekommen, was angesichts der Intensität bei der Arbeit mit schwer Traumatisierten nicht immer einfach ist. Hierbei kann das Wissen helfen, dass in der therapeutischen Übertragungsbeziehung unerträgliche (früh-)kindliche Erfahrungen transportiert und vermittelt werden, die oft (noch) nicht bewusst ausgedrückt und verbalisiert werden können.

Patientinnen mit schweren dissoziativen Störungen haben oft von frühester Kindheit an schwerste Beziehungstraumatisierungen erlebt und daher große Schwierigkeiten, sich auf eine vertrauensvolle Beziehung einzulassen. Zudem sind sie häufig in einer Familie groß geworden, in der extreme Gewalt und Willkürerfahrungen an der Tagesordnung waren und in der sie keine Möglichkeit hatten, ein Gefühl von Selbstbestimmtheit oder Selbstkompetenz zu entwickeln. Sowohl im seelischen als auch im körperlichen Bereich wurden ihre Bedürfnisse missachtet oder verletzt. Um bei der Patientin Willkürerfahrungen zu vermeiden, muss daher besondere Sorgfalt auf einen festen Rahmen (Stundenzahl und Stundenfrequenz, feste Zeiten, feste Orte, Therapieziel und Techniken) gelegt werden, der mit der Patientin klar besprochen werden muss. Da viele Patientinnen ständige Grenzverletzungen und Regelübertretungen erlebt haben, werden sie häufig genau testen, ob diese vereinbarten Regeln auch eingehalten werden.

Bei vielen Patientinnen hat es sich bewährt, zu erwartende negative Übertragungen frühzeitig anzusprechen. So kann man zum Beispiel erklären, dass starke negative Vorerfahrungen die Patientin möglicherweise sehr vorsichtig gemacht haben und dass es für sie wichtig ist, zunächst zu überprüfen, ob die Therapeutin wirklich glaubwürdig ist. Häufig ist die misstrauische Grundhaltung sehr schambesetzt, und es kann entlastend sein, diese als Vorsicht zu erklären, die aus der Geschichte der Patientinnen nicht nur verständlich ist, sondern sogar real notwendig war.

Auch sollte sich die Therapeutin bewusst sein, dass Veränderungen des Rahmens für die Patientinnen häufig eine starke Beunruhigung darstellen (Stundenverlegungen, Unterbrechung durch Urlaub, Reisen etc.). Sie sollten auf ein Minimum begrenzt werden und in dem Zusammenhang auftretende negative Übertragungen sollten sofort angesprochen werden: Häufig erlebt die Patientin die Unterbrechungen als Bestrafung oder als Antwort darauf, sich nicht genug angestrengt zu haben. Auch können sie von der Patientin als beginnende Anzeichen dafür interpretiert werden, dass die Therapeutin die Beziehung beenden will etc.

Frau A. hat in der vorherigen Therapie eine sehr belastende Erfahrung gemacht, die sie damals in eine schwer suizidale Krise brachte: Die Vortherapeutin hat die Therapie unerwartet beendet, die Patientin vermutet, dass sich diese überfordert gefühlt hat. Diese Bürde schwebt von Anfang an über der Beziehungsgestaltung zu mir. Suizidale Krisen und Stimmungen treten anfänglich im Behandlungsverlauf sehr plötzlich auf. Es kann schließlich in Erfahrung gebracht werden, dass es vor allem der Persönlichkeitsanteil Elena ist, der dafür verantwortlich ist. Elena ist 13 Jahre alt und war von ihrer Mutter schwer vernachlässigt worden. Der vorherige Therapieabbruch hat ihr Grundlebensgefühl bestätigt, dass sie »zu viel« ist, eine Zumutung; jemand, der andere (auch die Mutter) krank macht durch die bloße Anwesenheit. Als sie jetzt auch noch von der geplanten Intervalltherapie aus der Klinik eine zögerliche Antwort erhält, gerät Frau A. in eine sehr schwere suizidale Krise. Als Elena besorgt sie sich eine Reihe von Medikamenten, deren Einnahme in Kombination tödlich ist. Diese Medikamente trägt sie mit sich herum, immer in der Gewissheit, »gehen zu können«, wenn ihr (auch von mir) schmerzliche

Ablehnung widerfährt. Es dauert eine Weile und bedarf einiger Diskussion, bis Elena mir die Medikamente aushändigen kann. Sie erhält von mir im Gegenzug die Versicherung, dass ich an ihrer Entwicklung und ihrem Wachstum interessiert bin, dass ich ihr nicht absichtlich weh tun werde und ich sie bitte, es mir zu zeigen, wenn es dennoch passiert.

4.3.3 Mitteilen und Akzeptanz der Diagnose

In der Regel stehen Patientinnen der Diagnose einer komplexen dissoziativen Störung, insbesondere der DIS, mehr oder weniger ambivalent gegenüber. Patientinnen können sich, wie in Kapitel 4.7 bereits dargestellt, durch sie verstanden, erleichtert und hoffnungsvoll fühlen, gleichzeitig aber auch erschreckt, ertappt und ausgeliefert. Die Diagnose und die mit ihr verbundenen evidenten Anzeichen für ihr Vorliegen können – ganz im Sinne der bisherigen Bewältigungsstrategie – längere Zeit geleugnet werden – und damit eben auch das Vorhandensein der dissoziierten Anteile und die zurückliegende Traumageschichte. Diese Verleugnung dient der Abwehr unerträglicher Realität und kann insbesondere von ANPs der Alltagsbewältigung erstaunlich lange aufrechterhalten werden, während andere Persönlichkeitsanteile die Diagnose wie selbstverständlich bestätigen. In Kapitel 1.2 haben wir bereits von der Romanfigur »Sibyl« berichtet, die auf die Fallgeschichte von Shirly Mason und ihrer Therapeutin C. Wilbur zurückzuführen ist; in ihren Dokumenten fand man später Aufzeichnungen, in denen sie angibt, alles nur vorgespielt zu haben. Ambivalenz der Diagnose gegenüber ist häufig. Insbesondere kann die ANP lange leugnen, die Diagnose zu haben, während andere Anteile »längst Bescheid wissen«. Grundsätzlich ist die Benennung und Besprechung der Diagnose und das daraus resultierende therapeutische Vorgehen eine wichtige Weichenstellung im Gesamtbehandlungsplan. Die Diagnose wird zur Basis, um über die sonst üblichen therapeutischen Interventionen für Komplextrauma auch die dissoziationsspezifischen Interventionen einzuführen. In der Regel fällt es den Patientinnen leichter, die Diagnose zu akzeptieren, wenn sie spüren, welche Chancen zur Veränderung und Funktionsverbesserung mit dieser Diagnose verbunden sind. Erfahrungsgemäß kommt es dann im Verlauf der Stabilisierungsphase zu einer Entlastung, so dass Patientinnen, deren Pathologie vormals wie eine Borderline-Symptomatik wirkte, sich relativ rasch beruhigen und stabilisieren können. Dennoch bleiben Therapieverläufe bei vielen Patientinnen über weite Strecken krisenhaft.

4.3.4 Arbeit mit Persönlichkeitsanteilen

Nach den ISSTD-Behandlungsempfehlungen erweist es sich in der Behandlung von DIS-Patientinnen als hilfreich, die therapeutische Aufmerksamkeit auf ein ganzes *System* von Persönlichkeitsanteilen zu richten – und sich nicht nur auf einzelne Persönlichkeitsanteile zu konzentrieren (im Weiteren nach ISSTD Guidelines[240]). Mit »System« ist eine organisierte, subjektiv logische, regelgebundene Anordnung von interagierenden und/oder widersprüchlichen Anteilen gemeint. Die Fokussierung ist tatsächlich dem eines Gruppengeschehens oder einer Systemischen Therapie ähnlich, bei der ein Gesamtsystem im Blick zu behalten ist.

Gerade zu Beginn der Therapie fällt es den Patientinnen oft schwer, Verantwortung für das Verhalten aller Persönlichkeitsanteile (in ihrem Lebensumfeld, in der Therapie sowie im Inneren) zu übernehmen. Dies ist jedoch zentral für den Gesundungsprozess und sollte zu einem möglichst frühen Zeitpunkt in der Therapie angesprochen und vereinbart werden. Dabei sind folgende Strategien förderlich, um die interne Kommunikation zu verbessern: 1. Die Patientin wird ermutigt, die Diskussion zwischen Persönlichkeitsanteilen zu fördern. 2. Die Therapeutin betont die Bedeutung aller Persönlichkeitsanteile und unterstützt die Patientin dabei, dies ebenfalls anzuerkennen. 3. Es werden Vereinbarungen aller Persönlichkeitsanteile getroffen hinsichtlich der inneren Sicherheit im Umgang mit selbstverletzendem und/oder suizidalem Verhalten.[241]

Die Aufgabe der Patientin besteht darin, sich mit der Beschaffenheit ihrer Störung und ihrem inneren System auseinanderzusetzen. Insbesondere geht es darum, diejenigen Persönlichkeitsanteile »kennenzuler-

---

240 ISSTD Guidelines (2011); Gast & Wirtz (2022), siehe auch Literatur von Putnam (1989), Ross (1997), Kluft (2001, 2006), Kluft & Fine (1993), Van der Hart et al. (2006), Chu (2011) sowie Chefetz (2015)
241 Boon et al. (2011)

4.3 Ziele der ersten Phase: Kontrolle und Stabilität

nen«, zu akzeptieren und zu verstehen, die in ihrem jetzigen Leben eine aktive Rolle spielen und Einfluss auf sie zu nehmen. Sie muss lernen, dass sie für alle Persönlichkeitsteile und deren Aktivitäten verantwortlich ist. Mit Unterstützung der Therapeutin entwickelt die Patientin Strategien, die zur besseren internen Kommunikation beitragen. In der Therapie wird sie z. B. ermutigt, sich »intern zu unterhalten, nach innen zu fragen, mit X in Kontakt zu gehen, der Stimme zunächst einmal zuzuhören« u. Ä. Auch geht es darum, Verständnis und Wertschätzung füreinander zu wecken. Die Therapeutin unterstützt dies, indem sie betont, dass »Alle« wichtig sind und nur durch die Mitarbeit »Aller« die Therapie erfolgreich sein kann. Zudem müssen Vereinbarungen aller Persönlichkeitsanteile etabliert werden, um Sicherheit vor selbstverletzendem und/oder suizidalem Verhalten zu gewährleisten. Dabei kann die Metapher hilfreich sein, dass Alle in einem Boot sitzen.

Hier gibt es verschiedene Hilfsmittel, zum Beispiel das Führen eines Tagesbuches, um den Patientinnen einen besseren Zugang zu den verschiedenen abgespaltenen Persönlichkeitsanteilen zu ermöglichen. Auch die Aufforderung, stärker auf innere Stimmen zu achten, falls solche vorhanden sind, kann die Kontaktaufnahme zu den dissoziierten Persönlichkeitsanteilen erleichtern.

Bei einer depressiv selbstanklagenden, konfliktvermeidenden Alltagspersönlichkeit ginge es zum Beispiel darum, immer wieder ihre Angst vor Aggressionen anzusprechen und zu bearbeiten, damit es ihr eher möglich wird, mit den aggressiven Persönlichkeitsanteilen in Kontakt zu kommen. Bei einem kontrollierend und fordernd auftretenden dominierenden Alltagsanteil der Persönlichkeit ginge es dann eher darum, den Widerstand gegen Regression und Abhängigkeit zu bearbeiten. Auch kann man gezielt versuchen, bestimmte Persönlichkeitsanteile zu Beginn der Therapie zu fördern, um das Gesamtsystem zu stabilisieren. So bewährt es sich, nach starken, durchsetzungsfähigen und aggressiven Persönlichkeitsanteilen zu suchen, um diese aktiv als Kooperationspartner zu gewinnen. Dies sollte man tun, bevor man stärker mit extrem regressiven, traumatisierten und dysfunktionalen Persönlichkeitsanteilen arbeitet, zum Beispiel die traumatisierten Kinder »hervorruft«.

Durch das Erstellen einer »inneren Landkarte« gewinnen die Patientin und die Therapeutin gemeinsam einen Überblick über das innere Persönlichkeitssystem. Die Patientin wird dann ermutigt, mit den verschiedenen Anteilen der Gesamtpersönlichkeit in Kontakt zu treten, diese kennenzulernen und Kompromisse miteinander auszuhandeln, damit ein unkontrolliertes Wechseln und Ausagieren der verschiedenen Persönlichkeitsanteile reduziert werden kann. Häufig findet sich folgendes charakteristische Muster im Persönlichkeitssystem:

1. Die Alltagspersönlichkeit oder »Anscheinend Normale Persönlichkeit« (ANP), die an die Anforderungen des Alltags angepasst ist,
2. Kinder-Persönlichkeitsanteile, die unter dem Einfluss schwerer Traumatisierungen entstanden sind und die die Traumaerinnerungen eingefroren und abgekapselt in sich tragen, auch »Emotionale Persönlichkeit« (EP)genannt,
3. Kontroll-Persönlichkeitsanteile (CP): »Wächterinnen« oder »Beschützerinnen« sowie
4. Täter-assoziierte Anteile, die sich entweder täter-loyal verhalten und sich dem Wertesystem der früheren Täter unterwerfen oder täter-identifizierte Anteile, die als personifizierte Täter-Introjekte oder Täter-Imitatoren im Individuum weiterleben.

Wie oben schon erwähnt, ist die Einbeziehung der Kontroll-Persönlichkeitsanteile wichtig. In diesen Anteilen steckt häufig sehr viel kraftvolles Potential, das frühzeitig mit in die Therapie und das Arbeitsbündnis integriert werden sollte, um ein destruktives Agieren zu reduzieren oder zu vermeiden. Eine Einladung zur Kooperation mit den täter-identifizierten Anteilen wird in der Regel am besten dadurch erreicht, dass man auch diesen Anteilen eine freundlich gewährende, interessierte Grundhaltung entgegenbringt, andererseits aber auch seine eigene Wertvorstellung deutlich vertritt und Grenzen setzt. Eine akzeptierende Haltung allen Anteilen gegenüber ist die Voraussetzung dafür, dass die Patientin ebenfalls bereit ist, alle dissoziierten Anteile an sich zunächst einmal wahrzunehmen, kennenzulernen und zu akzeptieren (siehe Fallbeispiel Frau A. sowie Kluft 1993b; 2011[242]).

---

242 Kluft (1993 b; 2011)

4.3.5 Kartieren der inneren Landkarte und interne Kooperation

Häufig ist zu Beginn der Therapie das Persönlichkeits-System der Patientinnen noch nicht bekannt. Manchmal gibt es zunächst nur indirekte Anhaltspunkte für das Vorhandensein von anderen Persönlichkeitszuständen, doch können die Patientinnen aufgrund hoher amnestischer Barrieren zunächst keine Auskunft über ihr vollständiges System geben. Sobald in der Therapie deutlich wird, dass es abgespaltene Persönlichkeitsanteile gibt, empfiehlt es sich, diese aktiv mit in die Therapie einzuladen.[243] Zudem ist es sinnvoll darüber bestimmte Regeln zu benennen, damit die Beteiligung geordnet erfolgen kann. So können z. B. nicht alle gleichzeitig zu Wort kommen. Auch hat dabei Sicherheit und Funktionalität der Patientin Vorrang vor weiterer Exploration oder Aufdeckung und Mitteilung von traumatischen Erfahrungen. Ein inneres Aushandeln dieser Wertigkeit ist wichtig und das Bild einer inneren Konferenz hilfreich. Konkrete Anregungen finden sich hierzu bei Boon et al.[244]

Wenn es einigen Anteile nicht möglich ist, sich direkt in der Therapie mitzuteilen, können diese ermutigt werden, es indirekt zu tun, z. B. über den Anteil, der gerade vorne ist. Diejenigen, die es nicht schaffen, sich in der Stunde zu melden, können ermutigt werden, vielleicht im Tagebuch etwas niederzuschreiben und es über die aktiven Persönlichkeitsanteile in die nächste Stunde mitzubringen. Über solche Wege ist es zumeist möglich, eine Zusammenarbeit mit den abgespaltenen Persönlichkeitsanteilen zu erreichen. Wichtig ist die Botschaft, dass alle Persönlichkeitsanteile willkommen sind und dass die Therapie nur gelingen kann, wenn sich alle daran beteiligen.

Zudem besteht häufig eine hohe Abwehr, insbesondere bei »Täteridentifizierten Persönlichkeiten« oder bei »Kontroll-Persönlichkeiten«, sich in der Therapie erkennen zu geben. Hier helfen Erklärungen, dass Täter-Introjekte in der Not das Überleben gesichert haben, dass diese Notsituation aber jetzt vorüber ist und andere Regeln gelten. Auch hilft hierbei die zunehmende Erfahrung in der Therapie, dass einerseits auto-

---

243 Kluft (2011), S. 76 in: Reddemann et al. (2011)
244 Boon et al. (2013), Kapitel 7

nome Bestrebungen der Patientin respektiert und gefördert werden, andererseits aber einer destruktiven Aggressivität Grenzen gesetzt werden:

> *Frau A. hat große Schwierigkeiten, sich mit einem inneren »Schatten« auseinanderzusetzen oder ihn gar in der Therapie direkt sprechen zu lassen. Stattdessen kommt es nach konfliktreichen Stunden immer wieder zu Selbstverletzungen und E-Mails mit schroffem Inhalt, dass die Patientin die Therapie beenden wird. Dadurch ist die Therapie vorübergehend sehr aufreibend. Ich erinnere dann daran, dass wir einen Gewalt-Verzicht-Vertrag abgeschlossen haben und dass der für alle gilt. Ich ermutige zudem, dass ich daran interessiert bin, die Vorbehalte gegenüber der Therapie zu erfahren, dass ich aber nicht ständig in der Unsicherheit gehalten werden möchte, ob die Therapie fortgesetzt wird. Frau A. teilt mir daraufhin mit, dass sie die Stimme vom Schatten hören kann und dass er davor warnt, der Therapeutin zu viel Vertrauen zu schenken. Über diesen Weg kann ich mit dem Schatten eine Abmachung aushandeln, dass er mich weiter prüfen kann, ob ich vertrauenswürdig bin. Er kann mir zusagen, dass er die Therapie nicht einfach beendet, sondern stattdessen ein Signal gibt, wenn »zu schnell und zu viel preisgegeben wird«. Über diese Vereinbarung beruhigt sich der Therapieverlauf.*

Durch das Kartieren des Innensystems lassen sich also zum Teil sehr rasche und verblüffende Entlastungen der Symptome erreichen. Gleichzeitig geht die Bewusstmachung des Innensystems – verbunden mit dem Gewahrwerden schwerer Traumatisierungen im Kindesalter – in der Regel mit einer tiefen Erschütterung einher. Auch die Erkenntnis, dass der Patientin eine mehrjährige harte therapeutische Arbeit bevorsteht, muss verarbeitet und in der weiteren Lebensplanung berücksichtigt werden. Im weiteren Therapieverlauf geht es um die Umsetzung der Stabilisierungstechniken in den Alltag sowie die Einübung der inneren Kommunikation und Kooperation. Wenn dies sicher etabliert ist, kann eine intensivere Beschäftigung mit den traumatischen Erinnerungen erfolgen.

Gleichzeitig ist es wichtig, dass die Patientin lernt, sich nicht selbst zu überfordern. Als zentrale Regel gilt hier, dass Stabilisierung und Funktionsfähigkeit Vorrang haben vor weiterer und forcierter Exploration.²⁴⁵ So ist es zum Beispiel nicht sinnvoll, dass die Patientin immer umfangreicheres traumatisches Material berichtet, ohne zu bemerken, dass sie selbst längst den Kontakt zu ihrem eigenen Körper und zu ihren Gefühlen verloren hat. Wichtiger wäre es in diesem Fall, mit der Patientin die Selbstbeobachtung und Affektwahrnehmung zu üben. Dies kann zum Beispiel dadurch geschehen, dass mit der Patientin vereinbart wird, vor jeder weiteren Mitteilung eine Rückmeldung zu geben, ob und inwiefern sie noch im Kontakt mit sich selber ist. Dieses Vorgehen beugt masochistischer Selbstbestrafung vor, ebenso der negativen Erwartung an die Therapeutin, dass diese »alles aus der Patientin herausholen« will. Auf diese Art und Weise wird ein langsameres, aber sehr viel stabileres und krisenärmeres Vorgehen erreicht. In dieser Phase sind alle Techniken hilfreich, die der Patientin zu mehr Selbstkontrolle, Selbstwirksamkeit und Selbstexploration verhelfen.

4.3.6 Begleitende pharmakologische Behandlung

Die Medikamentengabe richtet sich nach der komorbiden Begleitsymptomatik. Niedrig dosierte Neuroleptika als Basismedikation können eine sinnvolle Beruhigung bewirken, durch welche die Psychotherapie erst möglich wird. Die häufige depressive Gestimmtheit der Alltagspersönlichkeit oder ANP kann durch Antidepressiva, insbesondere SSRI, gemildert werden. Anxiolytika, Tranquilizer und Hypnotika sind in Krisen hilfreich, bergen aber gerade bei dissoziativen Patientinnen aufgrund der mangelnden Affektregulation ein hohes Missbrauchsrisiko und sollten daher nur mit großer Vorsicht gegeben werden.

Als spezifisches Medikament kann Naltrexon in niedriger Dosierung (off-label-use) eingesetzt werden. Ziel der Behandlung ist es, dissoziative Phänomene (Wegdriften, Erstarren, Gefühlstaubheit etc.) zu vermindern. Die Wirkungsweise von Naltrexon beruht darauf, dass es die Rezeptoren für körpereigene Opiate blockiert und die dissoziativen Symptome vermindert. Bei traumatisierten Menschen ist oft aufgrund des erhöhten

---

245 Kluft (2011), S. 76 in: Reddemann et al. (2011)

Stresslevels und hochbelastender Erinnerungen an die traumatischen Situationen die Ausschüttung von körpereigenen Opiaten dauerhaft erhöht. Dies führt dazu, dass es bereits sehr niedrigschwellig zu dissoziativen Phänomenen kommt, die im »Hier und Jetzt« dysfunktional werden. Durch sehr niedrige Dosierung (ca. 0,06 mg pro kg Körpergewicht entsprechend 4 mg bei einem 70 kg schweren Menschen ca. 4 mg; je nach Wirkung 1 bis 3x tgl.) können sowohl die Wirkungen und auch die Nebenwirkungen sehr vorsichtig eingestellt werden.[246]

4.4 Traumabearbeitung

Ziel der Traumabearbeitung ist eine Transformation durch Entgiftung der traumatischen Erinnerungen und durch kognitive und emotionale Umstrukturierung. Die kausale Methode ist eine kontrollierte Traumakonfrontation. Bei sehr komplexen Traumatisierungen, wie dies in der Regel bei der DIS und ihrer partiellen Form der Fall ist, kann die Traumabearbeitung einschließlich der Abreaktion nur in kleinen Schritten erfolgen und muss sehr gut vorbereitet sein. Kluft spricht von fraktionierter Traumabearbeitung.[247] Vor der eigentlichen Traumakonfrontation müssen zusätzliche Techniken zur besseren Kontrolle über die traumatischen Erinnerungen eingeübt werden. Hierzu eignen sich besonders imaginative Techniken, wie sie hier in Deutschland von Reddemann und Sachsse[248] bekannt gemacht wurden. So wurde in dem Fall von Frau K. mit den traumatisierten Anteilen das Stoppen von Flashbacks, das Deponieren traumatischer Erfahrungen in einem Safe und immer wieder das Aufsuchen des inneren sicheren Ortes geübt. Erst wenn Möglichkeiten zur Distanzierung und Selbsttröstung eingeübt sind und eine ausreichende Stabilität und Sicherheit im Alltag erreicht ist, kann eine

---

246 Pape & Wöller (2015)
247 Kluft (1988), Kluft (2014)
248 Reddemann & Sachsse (1997)

Traumakonfrontation durchgeführt werden. Dadurch verlieren die traumatischen Erinnerungen ihre Tendenz zu spontanen und unkontrollierbaren Reassoziationen. Die Aufspaltung der Persönlichkeit als Abwehrmechanismus gegenüber traumatischen Erinnerungen verliert an Bedeutung. Eine Integration der verschiedenen Persönlichkeitsanteile wird so möglich. Für Patientinnen mit extremen Traumatisierungen ist allerdings eine vollständige Integration häufig nicht möglich. Stattdessen kann eine bessere Kooperation der Anteile untereinander erreicht werden. Der Prozess der Integration bedeutet, dass die einzelnen Anteile sich allmählich annähern und ihre Erfahrungen und Eigenheiten schließlich so intensiv miteinander teilen, dass ein kohärentes Selbstempfinden entstehen kann.[249]

Das Für und Wider einer Traumakonfrontation sollte mit den Patientinnen sorgfältig besprochen werden. Im folgenden Fallbeispiel konnte hinreichende Stabilisierung erreicht werden, sodass eine gezielte Traumakonfrontation sinnvoll erschien, um posttraumatische Symptome und schwere Intrusionen weiter zu reduzieren. Die Patientin hatte -- trotz Ambivalenz –den Wunsch, die traumatischen Erfahrungen in einer gezielten Traumakonfrontation mittels EMDR zu verarbeiten. Als effiziente traumabearbeitende Methode muss sie sorgfältig in den Gesamtbehandlungsplan integriert werden.[250] Wichtige Vorraussetzung zur Konfrontationsbehandlung ist das mündliche Einverständnis aller Anteile, der EMDR-Behandlung (eines traumatisierten Anteils) grundsätzlich zuzustimmen. Andernfalls könnte es Störungen durch einen verweigernden Anteil geben. Auch sollte mit der Patientin vorher besprochen werden, »was die Anderen während der Trauma-Sitzung machen« (innere Konfiguration der Anteile). Die innere Aufstellung eines »Unterstützer- oder Tröster-Teams« sowie die Beauftragung eines »Wächters«, der Überforderungen oder Überflutungen mit traumatischen Erinnerungen vorbeugt, sind wichtige Maßnahmen.

---

249 ISSTD Guidelines (2011); Gast & Wirtz (2022); Kluft (1993b); Steele et al. (2017)
250 Gast & Wirtz (2022), S. 99 ff.; Hofmann & Mattheß (2011)

Fallbeispiel Frau C. Traumakonfrontation

Nachdem ich Frau C. mit der Bildschirmtechnik und EMDR vertraut gemacht habe, diskutiert sie mit ihrem inzwischen gut funktionierenden »Inneren Team« das Vorgehen. Es herrscht Einigkeit darüber, dass die 7-jährige »Jenny« zuerst dran ist, weil man sonst das Spätere nicht verstehen kann. Es handelt sich hierbei um eine traumatische Erfahrung, bei der die Patientin Zeuge wurde, wie der Vater den jüngeren Bruder bewusstlos prügelt und die Mutter sich passiv verhält. Seither weiß Frau C., wie gefährlich der Vater ist. Diese Erfahrung wird mittels EMDR prozessiert, wobei vorher die Persönlichkeitsanteile in bestimmter Weise innerlich aufgestellt werden. Frau C. hat hierzu spontan folgende Imagination:

Patientin: »Nachdem Sie uns das erklärt haben mit dem Bildschirm und dem EMDR, da kam dieses Kinobild, kein normales Kino, eher so ein wissenschaftliches Kinolabor. Die drei haben sich gleich nach vorn gesetzt: Jenny in die erste Reihe, das hat die anderen schwer beeindruckt. Jessicas Geschichte (10 Jahre, Beginn des Missbrauchs) soll ja später auch drankommen. Aber sie versucht schon mal, durch Jennys Augen mit durchzugucken. Sie übt das jetzt schon. Sie weiß nur nicht, ob sie das die ganze Zeit aushält mit dem Hingucken auf die Leinwand.

Therapeutin: Wenn sie es nicht aushalten kann, was Jenny erlebt hat, was könnte Jessica machen?

Patientin: Kann sie die Augen für eine Weile zu machen?

Therapeutin: Ja, das ist eine gute Idee. – Und was machen Sie derweil? Und die anderen?

Patientin: Ich – ich setze mich mit den Wächtern lieber weiter hinten hin. Die Kleine (vier Jahre, vertrauensvoller, bindungsfähiger Anteil) wollte erst auch mit rein, aber das geht nicht. Das ist zu viel für ein Kind.«

Mit dieser Konfiguration ruft »Jenny« die oben beschriebene traumatische Erfahrung auf und wir prozessieren sie mittels EMDR. Die sich dadurch einstellende Erleichterung ermutigt »Jessica«, sich nach einigen Wochen ebenfalls an ihre traumatischen Erfahrungen heranzuwagen.[251]

4.5 Die nachintegrative Phase

In der nachintegrativen Phase 3 der Behandlung ergeben sich weitere Verbesserungen der internen Kooperation, des koordinierten Funktionierens und der Integration der Patientin. Normalerweise entwickelt er/sie ab jetzt ein solideres und stabileres Selbstgefühl und eine bessere Beziehung zu sich selbst, zu anderen und zur Außenwelt. Gleichzeitig geht damit oft eine Trauerarbeit um die zerstörte Kindheit und die erlebten Verletzungen einher. Auch die traumatischen Erfahrungen werden nun aus einer vereinigten Perspektive erneut betrachtet und bewertet. Wenn Patientinnen weniger fragmentiert sind, entwickeln sie normalerweise mehr Ruhe, Widerstandskraft und inneren Frieden. Sie können sich auch das Gefühl eines einheitlicheren Sinnzusammenhanges hinsichtlich ihrer zurückliegenden Lebensgeschichte erarbeiten und effektiver mit aktuellen Problemen umgehen. Sie können damit beginnen, sich weniger auf frühere Traumata zu konzentrieren, sondern ihre Energie auf ein besseres Leben in der Gegenwart sowie die Entwicklung einer neuen Zukunftsperspektive richten.[252]

Die Patientinnen müssen außerdem in ihrem innerpsychischen Erleben und Reagieren sowie im sozialen Verhalten ein völlig verändertes Selbst- und Lebensgefühl gewinnen und hierbei neue Bewältigungsstrategien aufbauen. Häufig bleiben auch bestimmte Probleme der einzelnen Alternativ-Ichs (z. B. Ess- oder Schlafstörungen, eine Borderline-Persönlichkeitsstruktur etc.) auch nach der Integration noch bestehen und müssen psychotherapeutisch behandelt werden. Grundsätzlich ähnelt diese nach-

---

251 nach Gast & Wabnitz (2022), S. 144f
252 Steele et al. (2017)

4 Behandlungsansätze

integrative Phase stärker den sonst üblichen tiefenpsychologisch orientierten Psychotherapien.

5 Spezifische Herausforderungen

Wie im Vorkapitel beschrieben, stellt allein die Fülle an Symptomen, Beeinträchtigungen und Problemen – ähnlich wie bei Borderline-Patientinnen oder anderen komplexen Posttraumatischen Störungen – eine ziemliche Herausforderung für Therapeutinnen dar. Im Folgenden wollen wir spezifische Schwierigkeiten beschreiben, die in der Behandlung komplex traumatisierter und dissoziierter Patientinnen zusätzlich auftreten können.

5.1 Probleme mit Vertrauen und Selbstwirksamkeit

Wie bereits in der Diagnostik erwähnt, haben Patientinnen mit DIS aufgrund der erlebten Beziehungstraumatisierungen große Schwierigkeiten, sich auf eine vertrauensvolle Beziehung einzulassen. Zudem ist davon auszugehen, dass sie in einem Familiensystem mit extremer Gewalt und Willkürerfahrung großgeworden sind, in dem sie keine Möglichkeiten hatten, ein Gefühl von Selbstbestimmtheit oder Selbstkompetenz zu entwickeln. Grenzverletzungen und Beziehungsabbrüche waren oft alltägliche Erfahrungen und werden als Beziehungsstil internalisiert und mit selbstschädigendem Verhalten (Selbstverletzung, Suchtverhalten, aggressivem Verhalten, missbräuchlichen Beziehungen) weitergeführt. Ein zuverlässiger therapeutischer Rahmen mit klaren, überschaubaren Regeln ist daher wichtige Voraussetzung, damit die Patientin ein Gefühl für Sicherheit und Vertrauen in der therapeutischen Beziehung entwickeln kann. Dabei wird die Patientin immer wieder mit verschiedensten reinszenierten Grenzüberschreitungen die Vertrauenswürdigkeit und Zuverlässigkeit der Therapeutin testen. Es ist sinnvoll, mit einer aktiven Haltung eine vertrauensvolle therapeutische Beziehung aufzubauen, indem diese Tests immer wieder thematisiert werden. Die Arbeit an der äußeren und inneren Sicherheit der Patientin ist also zu Beginn der Behandlung das zentrale Thema. Hierbei muss auch auf aktuelle Gefährdungen, zum Beispiel durch weiterhin bestehende Täterkontakte oder missbräuchliche Beziehungen, geachtet werden. In Bezug auf die innere Sicherheit müssen Absprachen hinsichtlich Suizid und Selbstverletzungsimpulsen getroffen werden. Diese Phase ist oft die längste in der Behandlung. Einige Patientinnen bleiben möglicherweise in dieser Phase, da sie sich aus destruktiven Beziehungen nicht lösen können, die dissoziativen Fähigkeiten narzisstisch sehr hoch besetzt sind oder psychiatrische komorbide Störungen die Gesundung verhindern.[253]

5.2 Überblick behalten

Um in der Polysymptomatik einen Überblick zu behalten, hilft die Orientierung am oben beschriebenen Phasenmodell sowie die Einhaltung einer bestimmten Rangfolge von Therapieinterventionen. In der Stabilisierungsphase steht das Errichten von Sicherheit und Selbstkontrolle an erster Stelle, gefolgt von Interventionen, die die Selbstfürsorge und Affektregulierung fördern. Schließlich geht es um die Entwicklung von Mentalisierung, d. h. das Erkennen von Absichten und Motivationen.[254] In dieser Phase – verbunden mit den hier zu bewältigenden Therapieschritten – lernen Therapeutin und Patient das System und die Funktionsweise der abgespaltenen Persönlichkeitsanteile und deren Biographie kennen. Oft ist

---

253 Brand & Loewenstein (2010)
254 Wöller et al. (2012), Wöller (2013)

es auch schwer, den emotionalen Überblick zu behalten, da durch die Dissoziation der Persönlichkeit stark wechselnde, oft sehr heftige Gegenübertagungsgefühle ausgelöst werden können.[255] In der zweiten Phase erfolgt die schonende Traumatherapie, die sich an der Konfiguration der Persönlichkeitsanteile orientiert.[256] Eine konfliktzentrierte Psychotherapie zur Korrektur schädlicher Beziehungsmuster ist in der Regel erst in der dritten nachintegrativen Phase möglich.[257]

5.3 Anhaltende dissoziative Zustände

Auch wenn die Phasenbehandlung und Rangfolge von Interventionen angemessen eingehalten werden, ist dennoch mit krisenhaftem Verlauf zu rechnen. Krisen sind behandlungsimmanent, da jede Überwindung dissoziativer Barrieren eine Labilisierung bisheriger Bewältigungsstrategien zur Folge hat.[258] Insbesondere kann es zu Gefühlsüberflutungen, Flashback-Erleben und unkontrollierter Trance kommen. Wenn dies anhaltend passiert, kann es die Therapie gefährden, weil z. B. die Therapiestunde im ambulanten Setting wiederholt nicht rechtzeitig beendet werden kann. Es gilt dann gemeinsam herauszufinden, wie die Patientin wieder Kontrolle über sich bekommen und Mitverantwortung zum Einhalten des Settings übernehmen kann.[259] Die Dissoziationsneigung kann Anzeichen dafür sein, dass in der Therapie zu schnell vorangegangen wurde, zu rasch traumatisches Material behandelt wurde, dass zunächst die Affekttoleranz verbessert werden muss und/oder dass Widerstand (z. B. von bestimmten Persönlichkeitsanteilen) nicht ausreichend beachtet wurde.

---

255 Kluft (2011), S. 76 in: Reddemann et al. (2011)
256 Kluft (1996)
257 ISSTD Guidelines (2011); Gast & Wirtz (2022); Wöller et al. (2012)
258 Van der Hart et al. (2006/2008)
259 Boon et al. (2011)

5.3.1 Überwertige Faszination von Dissoziation

Die dissoziativen Fähigkeiten von Patientinnen können, gerade bei weniger geübten Therapeutinnen starke Faszination ausüben. Dies kann dazu verleiten, den Persönlichkeitsanteilen übermäßig Aufmerksamkeit zu widmen und so die dissoziative Abwehr verfestigen. Suggestive Techniken sind bei der Diagnostik und dem Erkunden der Anteile zu vermeiden, da dadurch auch Artefakte und Pseudo-Dissoziationen von Persönlichkeitsanteilen iatrogen hervorgerufen werden können (z. B. durch »Innere-Kind-Arbeit« ohne ausreichende Erklärung des »Als-ob-Charakters«[260]). Eine mögliche Artefakt-Bildung kann umgangen werden, wenn zunächst bei der Erkundung *neutrale Begriffe für das Erfragen psychischer Struktur*en benutzt werden,[261] wenn also nach »Seiten in Ihnen«, »einem Teil von Ihnen« oder »einer Ecke in Ihrem Kopf« gefragt wird. Günstig ist es auch, sich eng an die Terminologie der Patientinnen zu halten. Man könnte z. B. sagen: »Sie haben da gerade von ›Seelen‹ in Ihrem Kopf gesprochen. Was meinen Sie damit? Können Sie mir mehr über diese ›Seelen‹ erzählen?« Andere Ausdrücke für abgespaltene Selbstzustände sind »Schatten« »Andere«, »Ichs« »parts« oder »Leute«.[262]

5.3.2 Parteilichkeit vermeiden

Wenn sich dissoziierte Persönlichkeitsanteile zeigen, die sich als verschiedene Personen erleben und sich z. B. mit verschiedenen Namen bezeichnen, ist es wichtig, dieses subjektive Erleben ernst zu nehmen und darauf in der weiteren Therapie entsprechend einzugehen. Nur über eine wohlwollend annehmende Haltung der Therapeutin kann auch den Betroffenen selbst eine Annahme ihrer abgespaltenen Selbst-Zustände gelingen und dadurch eine Integration ermöglicht werden. Ein Partei-Ergreifen oder Bevorzugen bestimmter »Innenpersonen« sollte jedoch vermieden werden. Eine Überidentifikation mit angepassten Selbstanteilen verstellt

---

[260] Draijer & Boon (1999); Thomas (2001)
[261] Kluft (1993b)
[262] ISSTD Guidelines (2011); Gast & Wirtz (2022); Gast & Drebes (2009)

oft den Blick für das Vorhandensein aggressiver Anteile oder von Täter-Introjekten.[263] Auch diese gehören jedoch zur Patientin dazu, müssen als Überlebensstrategie gewürdigt und in das »innere Haus« der Gesamtpersönlichkeit integriert werden. Insgesamt bleibt es ein therapeutischer Balanceakt, das subjektive Empfinden von »getrennten Personen« empathisch zu begleiten, aber gleichzeitig die äußere Realität eines einheitlichen Individuums mit einer einheitlichen Verantwortung immer wieder zum Thema zu machen.

5.3.3 Multiple Realitäten

Patientinnen mit dissoziierten Identitätszuständen haben je nach aktiviertem Zustand eine sehr unterschiedliche Wahrnehmung von der Realität oder Zugang zu autobiografischen Erinnerungen. Kluft spricht von »Multiple Realitäten«.[264] In der Regel können sich neue Erinnerungen an traumatische Erfahrungen im Verlauf einer traumafokussierten Therapie zeigen, dies vor allem dann, wenn die posttraumatische Vermeidung abnimmt. Diese Erinnerungen sollten kritisch gewürdigt und evaluiert werden[265], was bei der DIS eine besondere Herausforderung sein kann. Wenn eine Patientin über ihre Erinnerungen von einem traumatischen Ereignis berichtet, sollte man sich vor Augen halten, dass sie nicht der historischen Wahrheit entsprechen muss. Dies hängt damit zusammen, dass jeder Persönlichkeitszustand nur über einen begrenzten und spezifischen Erinnerungsausschnitt verfügt und diese Erinnerung zudem dadurch verzerrt sein kann, weil die Realität in belastenden Situationen häufig in Trance wahrgenommen wird. Wenn Patientinnen über belastendes oder traumatisches Material berichten, ist es zunächst sinnvoll, sich vor allem auf die *emotionale* Botschaft einzustellen, dass der Patientin »etwas Schlimmes passiert ist« und dass man ihre Not verstanden hat. Man sollte sich aber nicht in die Situation bringen lassen, alles als Wahrheit zu bestätigen, was die Patientin sagt, da neben realen Erinnerungen auch

---

263 Kluft (2011), S. 76 in: Reddemann et al. (2011)
264 Kluft (2011), S. 76 in: Reddemann et al. (2011)
265 Brewin & Andrews (2017)

Pseudoerinnerungen vorkommen. Dies gilt in gewisser Weise für alle traumatischen Erinnerungen, ist aber bei den komplexen dissoziativen Störungen in besonderer Weise zu beachten.

Die »Wahrheit aus verschiedenen Blickwinkeln« gilt nicht nur für traumatisches Material, wie Loewenstein[266] in einem sehr eindrucksvollen Beispiel von einer Patientin zeigt, die sich über die Nebenwirkungen des Antidepressivums Imipramin beschwerte: Während die Alltagspersönlichkeit von einer erfolgreichen Symptombesserung berichtete, tauchte plötzlich ein weiterer Persönlichkeitszustand auf, der zynisch nachfragt, warum man diese Medikamente überhaupt brauche. Ein dritter Persönlichkeitszustand beschwerte sich bitterlich über die Nebenwirkungen in Form von Tremor, trockenem Mund und ähnlichem. Eine vierte »Persönlichkeit« verriet schließlich, dass die Medikamente gar nicht eingenommen, sondern von einer fünften »gebunkert« wurden, um einen Suizidversuch vorzubereiten. So stellt sich am Ende heraus, dass das verordnete Medikament nicht ein einziges Mal eingenommen wurde.

5.3.4 Umgang mit traumatischen Erfahrungen

Ähnlich widersprüchliche Angaben kann man auch hinsichtlich früher traumatischer Situationen erhalten. So kann ein Persönlichkeitszustand angeben, vom Nachbarn vergewaltigt worden zu sein. Ein zweiter kann berichten, dass er vom Vater vergewaltigt wurde. Ein dritter wiederum kann behaupten, dass der Vater ein ganz wunderbarer Mensch ist. Es ist wichtig, dass die Therapeutin diese widersprüchlichen »Realitäten« anspricht, aber nicht in Form eines Verhörs, sondern in einer vorsichtigen und einladenden Art: So kann man nach Erklärungen oder Beiträgen zu dem Problem fragen oder dazu anregen, in einen gegenseitigen Austausch oder Befragungsprozess einzutreten, anstatt die eine oder andere Version zu bevorzugen und daraus voreilige Schlüsse zu ziehen.

Bei der Behandlung von Frau B. war die »Alltagspersönlichkeit« Karin zu Beginn der Therapie und auch noch fast die gesamten ersten zwei Jahre

---

266 Loewenstein (1991)

weitgehend amnestisch für die anderen Persönlichkeitszustände. Im Laufe der Therapie stellte sich heraus, dass sie von den anderen »Personen« als Verräterin geächtet wurde. Auf meine Frage hin, was man ihr vorwerfe, beschuldigt Gertrud sie, an der Vergewaltigung der Kleinen mit beteiligt gewesen zu sein. Auf Nachfrage stellt sich heraus, dass Karin nicht nur die Aufgabe hatte, für Haushalt und Kinder zu sorgen und Ämtergänge zu erledigen, sondern dass sie auch regelmäßig von ihrer Mutter zum Untermieter im Hinterhaus geschickt wurde, um von ihm das Mietgeld abzuholen. Dabei kam es regelmäßig zu schweren sexuellen Übergriffen. Verschiedene Persönlichkeitszustände machen jetzt Karin den Vorwurf, dass sie »die Kleine« regelmäßig zum Täter gebracht hätte. Die weitere Exploration ergibt, dass Karin jedoch für die Traumatisierungen völlig amnestisch war. Sie gibt an, dass sie die von der Mutter aufgetragenen Aufgaben wie Einkaufen und Ämtergänge eigentlich nur absolvieren konnte, indem sie sich »völlig auf stur stellte«, ihre Angst abspaltete und wie ein Roboter funktionierte. Sie quält sich allerdings die ganze Zeit mit einem diffusen Schuldgefühl, etwas ganz Schreckliches gemacht zu haben. Schließlich taucht bei dieser Kommunikation als dritte »Person« eine elegant und selbstbewusst wirkende junge Frau auf, die sich Corry nennt. Sie äußert sich kritisch über die Mutter der Patientin und bezeichnet diese als herzlos und unverantwortlich, weil sie ihre kleine Tochter in die Wohnung eines Mannes schickte, der für seine Rohheit und Gewalttätigkeit im ganzen Haus bekannt gewesen sei. Durch einen Austausch der Kommunikation untereinander kann Karin schließlich aus ihrer Sündenbockfunktion und Isolation herausgelöst und die Verantwortung für die Geschehnisse innerlich der Mutter (und dem Nachbarn) zugewiesen werden. Die innere, dritte Realität sah hingegen zunächst so aus, dass Karin die Schuldige ist, die dafür mit Verachtung bestraft werden musste.

Nicht nur bei zurückliegenden Ereignissen, sondern auch bei aktuellen Geschehnissen muss die Besonderheit der Realität aus dem Blickwinkel der verschiedenen Selbstzustände in Betracht gezogen werden. So ist bei Angaben über aktuelle traumatische Geschehnisse ein empathischer Skeptizismus angebracht. Wenn die Patientin in der Therapie verzweifelt über eine Vergewaltigung berichtet, die sie einige Tage zuvor »erlebt« hat, kann sich dies nach Prüfung aller Informationen folgendermaßen darstellen:[267]

- Es kann eine reale Vergewaltigung im Sinne eines juristischen Strafbestandes vorliegen. Traumatisierte Menschen sind für Trauma-Wiederholung und Reviktimisierung in besonderer Weise anfällig.
- Es kann eine vom System agierte Situation sein, bei der z. B. ein promiskuitiver Persönlichkeitszustand eine nächtliche Männerbekanntschaft nach Hause einlädt und während des sexuellen Kontaktes »verschwindet«. Es kann sich dann die »Alltagspersönlichkeit« mit einem ihr völlig fremden Mann wiederfinden und die Situation als »Vergewaltigung« fehlinterpretieren.
- Es besteht auch die Möglichkeit, dass ein interner Aggressor für die Traumatisierungen verantwortlich ist. So kann es phantasierte Vergewaltigungen von einem Täter-identifizierten Persönlichkeitszustand an den inneren »Kindern« geben oder ein interner Aggressor kann Flashbacks in einem anderen Anteil triggern. In beiden Fällen können sie wie reale Vergewaltigungen erlebt werden.

Hier kann die Wahrheitsfindung nur gelingen, wenn sich alle Alter-Persönlichkeiten daran beteiligen. Kluft empfiehlt eine Beurteilung der Erinnerung durch geduldige Neutralität, empathischen Skepsis und die Vermeidung von Suggestivfragen.[268]

Hinsichtlich des grundsätzlichen Umgangs mit traumatischen Erinnerungen in der Psychotherapie geben die Positionspapier der Fachgesellschaften wichtige Orientierung.[269]

---

267 Kluft (1998); Wöller (2005)
268 Kluft (1998)
269 ISTSS (2022); DeGPT (2022)

5.4 Täterkontakt und organisierte Täterkreise

Wenn sich ein Behandlungsverlauf nicht beruhigt, sollte ein Täterkontakt oder das Vorliegen schädlicher oder gewalttätiger Beziehungen in Betracht gezogen werden. So kann die Therapeutin fragen, ob die Patientin zurzeit sicher ist oder ob sie weiterhin schädlichen Kontakten oder gar Gewalt ausgesetzt ist.[270] Wenn die Patientin dies verneint, muss dies nicht unbedingt der Wirklichkeit entsprechen. Möglicherweise berichtet sie von weiterhin bestehenden Traumatisierungen nicht, weil sie zu diesen Ereignissen im Alltagsbewusstsein keinen Zugang hat. Es kann auch sein, dass sie sich vor den Reaktionen der Therapeutin, insbesondere auch vor einem Therapieabbruch fürchtet. Dennoch senkt die Frage die Schwelle bei den Betroffenen, darüber zu sprechen, zumal die Therapeutin durch ihre Frage signalisiert, dass sie solche Gegebenheiten grundsätzlich für möglich hält. Falls sich ein solcher Verdacht bestätigt, hat die Arbeit am Lösen aus der Täterbeziehung Vorrang vor allen anderen Themen. Kenntnisse über das Innensystem sind dabei notwendig, um diejenigen Anteile in die Therapie einzubinden, die weiterhin den Kontakt unterhalten. Dabei ist es unerlässlich, deren Motive zu verstehen und Absprachen über die Beendigung des schädlichen Kontaktes zu treffen.[271]

Bei Missbrauch durch Tätergruppen, insbesondere auch bei solchen mit ideologisch begründeter (ritueller) Gewalt[272] sollte die Möglichkeit generell in Betracht gezogen werden, dass die Patientin aktuell weiterhin durch einen oder mehrere primäre Täter missbraucht wird oder während der Behandlung erneut Kontakt mit den Tätern aufnimmt.[273] Letzteres sollte insbesondere dann berücksichtigt werden, wenn es zu einer unerklärlichen Veränderung in der therapeutischen Beziehung oder ihrer plötzlichen Verschlechterung kommt. Bei Opfern von Tätergruppen sollten besondere Regeln und juristische Vorsichtsmaßnahmen, evtl. auch die Kooperation

---

270 Huber (2011)
271 ISSTD Guidelines (2011); Gast & Wirtz (2022)
272 Nick et al. (2019, 2022) sowie Wissensportal zu Organisierter Ritueller Gewalt www.wissen-schafft-hilfe.org
273 Kownatzki et al (2012); Nick & Richter-Apelt (2016)

mit entsprechend spezialisierten (Sekten-)Beratungsstellen zusätzlich beachtet werden.[274] Der Aufbau einer tragfähigen therapeutischen Beziehung kann sich bei Opfern organisierter Gewalt besonders herausfordernd gestalten, da diese meist langjährig von nahen Bezugspersonen massiv verletzt, manipuliert und getäuscht wurden. Zugleich ist gerade deshalb das Gelingen der therapeutischen Beziehung und insgesamt von sozialen Beziehungen jenseits der Täterkontexte von besonderer Bedeutung und maßgeblich für die Loslösung aus den organisierten Gewaltkontexten.[275]

5.5 Spezifische Belastungen für Therapeutinnen und Gegenmittel

DIS-Patientinnen zeigen unter den Posttraumatischen Störungsbildern die höchsten Prävalenz-Raten an traumatischen Erfahrungen in der Kindheit. Die erlebte emotionale, körperliche und sexuelle Gewalt kann brutal, oft sogar eine extrem sadistische Qualität gehabt haben. Entsprechend hoch ist die Gefahr der Sekundär-Traumatisierungen[276] für Therapeutinnen, die mit DIS-Patientinnen arbeiten. Erschöpfung und Ausbrennen können die Folgen sein. Insbesondere bei der Behandlung von Patientinnen mit Traumatisierungen durch organisierte Tätergruppen, z. B. mit satanistischem Hintergrund, können Gefühle der Ohnmacht, Verzweiflung und Hoffnungslosigkeit auch Therapeutinnen miterfassen. Zudem kann die dissoziative Abwehr auch beim Therapeutinnen eigene dissoziative Neigungen aktivieren und Fehlbehandlung oder Grenzverletzungen begünstigen.[277] Hierbei sollte auf schleichende Entgrenzungen bei der Rahmenhandhabung geachtet werden. Darüber hinaus kann professionelle Skepsis

---

274 Miller (2015); Fliß & Igney (2008); Kownatzki et al. (2011)
275 Kraus et al. (2020); Nick et al. (2022)
276 Schneider (2013); Daniels (2008)
277 Schleu & Gutmann (2015)

im beruflichen Umfeld die Etablierung eines stützenden kollegialen Netzwerkes erschweren.

Die beschriebenen Beispiele zeigen also, dass die Behandlung der Dissoziativen Identitätsstörung mit sehr spezifischen Herausforderungen verbunden ist, derer man sich bewusst sein sollte, wenn man Patientinnen mit dieser Störung behandelt. Insgesamt bleibt oft nur ein schmaler Korridor in der Begegnung: So erfordert die Behandlung eine einerseits flexible, aktive Herangehensweise, wobei gleichzeitig ein eindeutiger, fester Rahmen und die Orientierung am Phasenmodell erfolgen sollten. Eine fundierte Ausbildung sowie Supervision und Intervision sind die besten Voraussetzungen, um den Herausforderungen angemessen zu begegnen. Verlaufsbeobachtung und Verlaufskontrolle helfen, den Behandlungserfolg kritisch einzuschätzen oder bei Stagnation das eigene Vorgehen zu überdenken. Eine Orientierung bietet hierbei das Dimensions of Therapeutic Movement Instrument (DTMI), dessen Übersetzung als Therapieeinschätzungsskala (TES) vorliegt.[278] Dieses Instrument bewertet den Verlauf der Therapie in 13 Skalen und erfasst Therapiebündnis, Anpassungsfähigkeit, Management bei Belastungen, Beherrschung der Selbstgefährdung, Qualität der personalen Beziehungen, Arzneimittelbedarf, Bedarf an klinischer Behandlung, Auflösung von Übertragungsphänomenen, Kontakt zwischen den Sitzungen, subjektives Wohlbefinden, Verantwortlichkeit der Anteile für das Selbstmanagement, Integration sowie Funktionalität. Als besondere Belastung muss die Konfrontation mit extremen Traumatisierungen und entsprechenden Einschränkungen der Patientinnen in Betracht gezogen werden, die auch für die Therapeutinnen emotional belastend und fordernd sein können. Das beste Gegenmittel gegen diese Nebenwirkungen für Therapeutinnen ist eine gute Psychohygiene sowie Supervision und Intervision mit offener Fehlerkultur.[279]

Bei all den beschrieben Schwierigkeiten bleibt die Behandlung von Menschen mit dissoziativen Störungen und insbesondere mit DIS eine lohnende und bereichernde Aufgabe, vielleicht auch deshalb, weil im Kontakt mit diesen Patientinnen nicht nur deutlich wird, wie zerstörerisch

---

278 Hofmann et al. (2011) in Reddemann et al. (2011) in Anlehnung an Kluft (1994)
279 Linden & Strauß (2013)

Gewalt ist, sondern auch, wie durch Wohlwollen, Achtsamkeit und Liebe in einer therapeutischen Beziehung beeindruckende Heilungskräfte zur Entfaltung kommen können.

Literatur

Ainsworth MDS, Blehar MC, Waters E, Wall S (1978) Patterns of attachment: A psychological study of the Strange Situation. Hillsdale, NJ: Erlbaum.

American Psychiatric Association (1980) Diagnostic and statistical manual of mental disorders (3rd ed.). Washington, DC: American Psychiatric Association.

American Psychiatric Association (1994) Diagnostic and statistical manual of mental disorders (4th ed.). Washington, DC: American Psychiatric Association.

American Psychiatric Association (1995) Questions and Answers about Memories of Childhood Abuse, Position Paper. www.apa.org/topics/trauma/memories.aspx?item=2. Zugriff am 27.09.2016.

American Psychiatric Association (2013) Diagnostic and statistical manual of mental disorders (5th ed.). Washington, DC: American Psychiatric Association.

Atlas JA, Hiott J (1994) Dissociative experience in a group of adolescents with history of abuse. Perceptual and motor skills, 78(1), 121–122.

Atlas JA, Wolfson MA, Lipschitz DS (1995) Dissociation and somatization in adolescent inpatients with and without history of abuse. Psychological reports, 76(3c), 1101–1102.

Ball JS, Links PS (2009) Borderline personality disorder and childhood trauma: evidence for a causal relationship. Current psychiatry reports, 11(1), 63–68.

Barach PMM (1991) Multiple personality disorder as an attachment disorder. Dissociation, IV, 117–123.

Becker-Lausen E, Sanders B, Chinsky, JM (1995) Mediation of abusive childhood experiences: Depression, dissociation, and negative life outcomes. American Journal of Orthopsychiatry, 65(4), 560–573.

Bergmann C (2011) Abschlussbericht der Unabhängigen Beauftragten zur Aufarbeitung des sexuellen Kindesmissbrauchs. Herausgeber: Geschäftsstelle der Unabhängigen Beauftragten zur Aufarbeitung des sexuellen Kindesmissbrauchs, Glinkastraße 24, 10117 Berlin (www.sprechen-hilft.de). http://beauftragter_missbrauch.de/mod/resource/view.php?id=301. Zugriff am 27.09.2016.

Bernier MJ, Hébert M, Collin-Vézina D (2013) Dissociative symptoms over a year in a sample of sexually abused children. Journal of Trauma & Dissociation, 14(4), 455–472.

Bernstein EM, Putnam FW (1986) Development, reliability and validity of a dissociation scale. Journal of Nervous and Mental Disease, 174, 727–735.
Biel M (1993) Ich zerfalle in Stücke. SZ-Magazin, Süddeutsche Zeitung, 02.04.1993.
Bleuler E (1911/1950) Dementia præcox oder die Gruppe der Schizophrenien. Leipzig: Deuticke.
Bleuler E (1927) Lehrbuch der Psychiatrie (1. Auflage.) Berlin: Springer. (6. Auflage 1937; 12. Auflage 1972).
Blihar D, Delgado E, Buryak M, Gonzalez M, Waechter R (2020) A systematic review of the neuroanatomy of dissociative identity disorder. European Journal of Trauma & Dissociation, 4(3), 100–148.
Boon S, Draijer N (1991) Diagnosing Dissociative Disorders in the Netherlands. A pilot study with the Structured Clinical Interview for DSM-III-R Dissociative Disorders. American Journal of Psychiatry, 148, 458–462.
Boon S, Draijer N (1993) Multiple Personality Disorder in The Netherlands. A clinical investigation of 71 patients. American Journal of Psychiatry, 150(3), 489–494.
Boon S, Steele K, Van der Hart O (2011) Coping with Trauma-Related Dissociation: Skills Training for Patients and Therapists. New York. W.W. Norton & Co. Deutsche Übersetzung: Boon S, Steele K, van der Hart O (2013) Traumabedingte Dissoziation bewältigen: Ein Skills-Training für Klienten und ihre Therapeuten. Mit CD. Paderborn: Junfermann.
Boon S; Matthes H. 2015. Trauma and Dissociation Symptom Interview. Maarssen. NL
Brand B (2001) Establishing Safety with Patients with Dissociative Identity Disorder. Journal of Trauma & Dissociation, 2(4), 133–155.
Brand BL, Classen CC, Lanius R, Loewenstein RJ, McNary SW, Pain C et al. (2009a) A naturalistic study of dissociative identity disorder and dissociative disorder not otherwise specified patients treated by community clinicians. Psychological Trauma: Theory, Research, Practice, and Policy. 1(2), 153–171.
Brand B, Classen C, McNary S, Saveri, P. (2009b). A review of dissociative disorders treatment studies. The Journal of Nervous and Mental Disease. 197(9), 656–654.
Brand B, Loewenstein RJ (2010) Dissociative disorders: An overview of assessment, phenomonology, and treatment. Psychiatric Times, 27(10), 62–69.
Brand BL, Lanius R, Vermetten E, Loewenstein RJ, Spiegel D (2012) Where are we going? An update on assessment, treatment, and neurobiological research in dissociative disorders as we move toward the DSM-5. Journal of Trauma & Dissociation, 13(1), 9–31.
Brand BL, McNary SW, Myrick AC, et al. (2012) A longitudinal naturalistic study of patients with dissociative disorders treated by community clinicians. *Psychol Trauma*, 5(4), 301–308.
Brand BL, Sar V, Stavropoulos P, Krüger C, Korzekwa M, Martínez-Taboas A, Middleton W. (2016) Separating Fact from Fiction: An Empirical Examination of

Six Myths About Dissociative Identity Disorder. Harvard review of psychiatry, 24(4), 257–270.
Brand BL, Schielke HJ, Putnam KT, Putnam FW, Loewenstein RJ, Myrick A, Jepsen EKK, Langeland W, Steele K, Classen CC, Lanius RA (2019) An online educational program for individuals with dissociative disorders and their clinicians: 1-year and 2-year follow-up. Journal of Traumatic Stress 32, no. 1 (2019), 156–166.
Bremner JD (2010) Cognitive processes in dissociation: Comment on Giesbrecht et al. (2008) Psychological Bulletin, 136, 1–6.
Brenneis CB (1998) Gedächtnissysteme und der psychoanalytische Abruf von Trauma – Erinnerungen. Psyche, 52, 801–823.
Brentzel M (2002) Anna O. Bertha Papenheim. Biographie. Göttingen: Wallstein.
Breuer J (1895/1987) Fräulein Anna O. In: Freud S, Breuer J (Hrsg.). Studien über Hysterie. Frankfurt/M. Fischer.
Briere J, Runtz M (1988) Symptomatology associated with childhood sexual victimization in a nonclinical adult sample. Child abuse & neglect, 12(1), 51–59.
Briere J (2006) Dissociative symptoms and trauma exposure: Specificity, affect dysregulation, and posttraumatic stress. The Journal of nervous and mental disease, 194(2), 78–82.
Brown D, Scheflin AW, Hammond DC (1998). Memory, Trauma Treatment, and the Law. New York: Norton.
Brown R, Cardeña E, Nijenhuis E, Sar V, Van der Hart O (2007) Should conversion disorder be reclassified as a dissociative disorder in DSM-V?. Psychosomatics, 48, 369–378.
Cardena E, Gleaves DH (2007) Dissociative disorders. In M Hersen, SM Turner (Eds.), Adult Psychopathology and diagnosis (pp. 473–502). New York: Wiley.
Carlson EA (1998) A prospective longitudinal study of attachment disorganization/ disorientation. Child development, 69(4), 1107–1128.
Chefetz R (2015) Intensive Psychotherapy for Persistent Dissociative Processes. The fear of feeling real. New York, London: Norton.
Chu JA, Bowman ES (2000) Trauma and dissociation: 20 years of study and lessons learned along the way. Journal of Trauma & Dissociation, 1, 5–20.
Chu JA (2011) Rebuilding shattered lives: Treating complex PTSD and dissociative disorders. John Wiley & Sons.
Cloitre M, Cloitre, M (2015) The »one size fi ts all« approach to trauma treatment: Should we be satisfied? European Journal of Psychotraumatology, 6, 27344–273451.
Coe MT, Dalenberg CJ, Aransky KM, Reto CS (1995) Adult attachment style, reported childhood violence history and types of dissociation. Dissociation, 1711, 142–154.
Courtois CA, Ford JD, Cloitre M (2009) Best practices in psychotherapy for adults. In CA Courtois, JD Ford (Eds.). Treating complex traumatic stress disorders: An evidence-based guide (pp. 82–103). New York: The Guilford Press.

Dalenberg CJ, Bethany L, Brand BL, David H, Gleaves DH, Dorahy MJ, Loewenstein RJ, Cardena E, Frewen PA, Carlson EB, Spiegel D (2012) Evaluation of the Evidence for the Trauma and Fantasy Models of Dissociation. Psychological Bulletin, 138, 3, 550–588.

Dalenberg CJ, Brand BL, Loewenstein RJ, Frewen, PA, Spiegel D (2020) Inviting scientific discourse on traumatic dissociation: progress made and obstacles to further resolution. Psychol Inj Law, 13(2), 135–54.

Dammann G, Overkamp B (2003) Diagnose, Differentialdiagnose und Komorbidität bei dissoziativen Störungen. In L Reddemann, A Hofmann, U. Gast (Eds.), Psychotherapie der dissoziativen Störungen (pp. 3–25). Stuttgart, New York: Thieme.

Daniels, J. (2008) Sekundäre Traumatisierung. Psychotherapeut, 53(2), 100–107.

Darves-Bornoz JM, Berger C, Degiovanni A, Gaillard P, Lepine JP (1999) Similarities and differences between incestuous and nonincestuous rape in a French followup study. Journal of traumatic stress, 12(4), 613–623.

Dell PF (2000) The multidimensional Assessement of dissociation (MAD): A new Measurement of dissociation. Paper presented at the 17th annual fall conference of the international Society for the Study of Dissociation. San Antonio, Texas, November 12–14.

Dell PF (2001) Why the diagnostic criteria for dissociative identity disorder should be changed. Journal of Trauma & Dissociation, 2, 7–37.

Dell PF (2002) Dissociative phenomenology of dissociative identity disorder. Journal of Nervous and Mental Disease, 190(1), 10–15.

Dell PF (2006a) A new model of dissociative identity disorder. Psychiatric Clinics of North America, 29(1), 1–26.

Dell PF (2006b) The Multidimensinal Inventory of Dissociation (MID) – A comprehensive measure of pathological dissociation. Journal of Trauma & Dissociation, 7(2), 77–106.

Dell PF (2009a) The Phenomena of Pathological Dissociation. In PF Dell, JA O'Neil (Eds.), Dissociation and the Dissociative Disorders (pp. 228–233). Routledge: Chapman & Hall.

Dell PF (2009b) The long struggle to diagnose multiple personality disorder (MPD): MPD. In: Dell PF, O'Neil JA (Eds.) Dissociation and the Dissociative Disorders: DSM-V and Beyond. New York: Routledge; 2009:383–402.

Dell PF, Somer E, Gast U, Cooper MA, Lauterbach D (2001) International Research with the multidimensional inventory of dissociation (MID). Symposium. Papers presented at the 18th annual fall conference of the International Society for the Study of Dissociation. New Orleans, Louisiana, December 2–4.

Dell PF (1998) Axis II pathology in outpatients with dissociative identity disorder. Journal of Nervous and Mental Disease, 186, 352–356.

Despine, P. (1840) De l'emploi du magnetisme animal et des eaux minerales dans le traitment des maladies nerveuses, suivi d'une observation très curieuse de guerisonde nevropathie. Paris: Germer, Bailliere.

Deutschsprachige Gesellschaft für Psychotraumatologie (DeGPT). Positionspapier: Psychotraumatologische Versorgung und Forschung in Deutschland, Österreich und in der Schweiz. Version 1/2013. http://www.degpt.de/ueber-die-degpt/degpt-positionspapier.html. Zugriff am 20.11.2016.

Deutschsprachige Gesellschaft für Psychotraumatologie (DeGPT) (2019) Anmerkung zu dem Spiegelartikel »Falsche Erinnerungen. Wenn die Tochter dem Vater plötzlich Missbrauch vorwirft« Spiegel 20.05.2019 von Julia Jüttner. https://www.degpt.de/aktuelles/aus-der-degpt/leserbrief-false-memory-2019.html.

Deutschsprachige Gesellschaft für Psychotraumatologie (DeGPT) (2022) Q&A Psychotraumatologie. https://www.degpt.de/aktuelles/aus-der-degpt/qa-psychotraumatologie-aktuelles.html. Zugriff am 04.01.2023.

Dilling H, Mombour W, Schmidt MH (2011) Internationale Klassifikation psychischer Störungen, ICD-10 Kapitel V (F), Klinisch-diagnostische Leitlinien, Huber, Bern.

Diseth TH (2006) Dissociation following traumatic medical treatment procedures in childhood: a longitudinal follow-up. Developmental Psychopathology. 18(1), 233–251.

DiTomasso MJ, Routh DK (1993) Recall of abuse in childhood and three measures of dissociation. Child Abuse & Neglect, 17, 477–485.

Draijer N, Boon S (1999) Imitation of Dissociative Identity Disorder: Patients at Risk, Therapists at Risk, The. J. Psychiatry & L., 27, 423.

Draijer N, Langeland W (1999) Childhood trauma and perceived parental dysfunction in the etiology of dissociative symptoms in psychiatric inpatients. American Journal of Psychiatry, 156(3), 379–385.

Drebes S, Gast U (2009) Dissoziative Störungen. In: Arolt, Kersting: Psychotherapie in der Psychiatrie. Springer, S. 313–333.

Dutra L, Bureau JF, Holmes B, Lyubchik A, Lyons-Ruth K (2009) Quality of early care and childhood trauma: A prospective study of developmental pathways to dissociation. The Journal of nervous and mental disease, 197(6), 383.

Dutra L, Lyons-Ruth K (2005) Maltreatment, maternal and child psychopathology, and quality of early care as predictors of adolescent dissociation. In: Borelli J (Ed.) Interrelations of attachment and trauma symptoms: A developmental perspective; Symposium conducted at the biennial meeting of the Society for Research in Child Development; Atlanta, GA. 2005, April; Chair.

Ebner-Priemer UW, Mauchnik J, Kleindienst N, Schmahl C, Peper M, Rosenthal MZ, ... Bohus M (2009) Emotional learning during dissociative states in borderline personality disorder. Journal of psychiatry & neuroscience: JPN, 34(3), 214.

Eckhardt-Henn A, Spitzer C (2017) Dissoziative Bewusstseinsstörungen. Grundlagen, Klinik, Therapie. Stuttgart: Schattauer.

Ehling T, Nijenhuis ERS, Krikke AP (2007) Volume of discrete brain structures in complex dissociative disorders: preliminary findings. Progress in Brain Research, 167, 307–310.

Ellason JW, Ross CA, Fuchs DL (1996) Lifetime Axis I and II Comorbidity and Childhood Trauma History in Dissociative Identity Disorder. Psychiatry, 59, 255–266.

Ellenberger HF (1996) Die Entdeckung des Unbewußten. Bern: Huber.

Falkai P, Wittchen H U (Hrsg) (2018) Diagnostisches und statistisches Manual psychischer Störungen DSM-5. «., korrigierte Auflage. Göttingen: Hogrefe.

Farley M, Keaney JC (1997) Physical symptoms, somatization, and dissociation in women survivors of childhood sexual assault. Women & Health, 25(3), 33–45.

Fegert JM, Gerke J, Rassenhofer M (2018) Enormes professionelles Unverständnis gegenüber Traumatisierten. Nervenheilkunde, 37(07/08), 525–534.

Ferguson KS, Dacey CM (1997) Anxiety, depression, and dissociation in women health care providers reporting a history of childhood psychological abuse. Child abuse & Neglect, 21(10), 941–952.

Flatten G, Gast U, Hofmann A, Knaevelsrud Ch, Lampe A, Liebermann P, Maercker A, Reddemann L, Wöller W (2011) S3-Leitlinie Posttraumatische Belastungsstörung. Trauma & Gewalt, 3, 202–210.

Flatten G, Gast U, Hofmann A, Knaevelsrud C, Lampe A, Liebermann P, Maercker A, Reddemann L, Wöller W (2013) Posttraumatische Belastungsstörung. S3-Leitlinie und Quellentexte. Stuttgart: Schattauer.

Fliß C, Igney C (2008) Handbuch Trauma und Dissoziation. Interdisziplinäre Kooperation für komplex traumatisierte Menschen. Berlin u. a.: Pabst Science Publishers.

Fiedler P (1999) Dissoziative Störungen und Konversion. Weinheim: Beltz.

Foote B, Smolin Y, Neft DI, Lipschitz D (2008) Dissociative disorders and suicidality in psychiatric outpatients. The Journal of nervous and mental disease, 196(1), 29–36.

Freyberger HJ, Spitzer C, Stieglitz RD et al. (1998) Fragebogen zu dissoziativen Symptomen (FDS). Deutsche Adaption, Reliabilität und Validität der deutschen Dissociative Experiences Scale (DES). Psychotherapie, Psychosomatik, Medizinische Psychologie, 48, 223–229.

Freyberger HJ, Spitzer C, Gast U, Rodewald F, Wilhelm-Gößling C, Emrich HM (2007) Die multiple Persönlichkeit ist eine Mode aber keine Krankheit – Pro und Contra. Psychiatrische Praxis, 34, 266–275.

Freud S (1912/1975) Einige Bemerkungen über den Begriff des Unbewußten in der Psychoanalyse. In: Sigmund Freud. Studienausgabe. Psychologie des Unbewußten (Band III). herausgegeben von A Mitcherlich, A Richards, J Strachey. Frankfurt/Main: Fischer-Verlag.

Freud S., Breuer J (1895/1987) Studien über Hysterie. Frankfurt /M.: Fischer.

Fröhling U (1993) Ich bin viele. COSMOPOLITAN, 11.1993.

Fröhling U (1997/2002) Die Multiple Persönlichkeitsstörung im Zerr-Spiegel des Feuilletons. MPS-Infobrief 9/97, update 5/2002. www.dissoc.de/02-05.html. Zugriff am 27.09.2016.

Gast U (2004b) Umgang mit Dissoziation in der Borderline-Therapie. Persönlichkeitsstörung (S. 23–30). Stuttgart: Schattauer.

Gast U (2011) Dissoziative Identitätsstörung – valides und dennoch reformbedürftiges Konzept. In: Reddemann L, Hofmann A, Gast U (Hrsg.) Psychotherapie der dissoziativen Störungen. Stuttgart: Thieme 2011, S. 24–35.

Gast U (2017) Der psychodynamische Ansatz zur Behandlung der Dissoziativen Identitätsstörung und anderer schwerer dissoziativer Störungen. In: Eckhardt-Henn A, Spitzer C (Hrsg.) Dissoziative Bewusstseinsstörungen. Grundlagen, Klinik, Therapie (S. 476–501). Stuttgart: Schattauer.

Gast, U (2022) Trauma in: Nolte, T., Kai Rugenstein K. (2022, Hrsg.) 365 x Freud. Stuttgart: Klett-Cotta 9. März

Gast, U (2022): Stigma und Tabu in der Kontroverse um die Dissoziative Identitätsstörung. In: Becker,Th. (Hrsg.) Trauma, Dissoziation und Inspiration. Michaela Huber zum 70. Geburtstag. S. 27–44. Junfermann: Paderborn.

Gast U, Rodewald F, Nickel V, Emrich H (2001b). Prevalence of dissociative disorders among psychiatric inpatients in a German university clinic. Journal of Nervous and Mental Disease, 189(4), 249–257.

Gast U, Rodewald F, Kersting A, Emrich HM (2001a) Diagnostik und Therapie dissoziativer (Identitäts-) Störungen. Psychotherapeut, 46, 289–300.

Gast U, Rodewald F, Hofmann A, Mattheß H, Nijenhuis E, Reddemann L, Emrich HM (2006) Die dissoziative Identitätsstörung – häufig fehldiagnostiziert. Deutsches Ärzteblatt, 47, 3193–3200.

Gast U, Rodewald F (2011) Prävalenz dissoziativer Störungen. In: Reddemann L, Hofmann A, Gast U (Hrsg.) Psychotherapie der dissoziativen Störungen. Stuttgart: Thieme 2011, S. 36–46.

Gast U, Wirtz G (Hrsg.) (2016) Dissoziative Identitätsstörung bei Erwachsenen. Expertenempfehlungen und Praxisbeispiele. Stuttgart: Klett-Cotta.

Ginzburg K, Somer E, Tamarkin G, Kramer L (2010) Clandestine psychopathology: unrecognized dissociative disorders in inpatient psychiatry. Journal of Nervous and Mental Disease, 198, 378–81.

Gleaves DH (1996) The sociocognitive model of dissociative identity disorder: a reexamination of the evidence. Psychological Bulletin, 120(1), 42–59.

Gleaves DH, May M, Cardena E (2001) An examination of the diagnostic validity of dissociative identity disorder. Clinical Psychological Review, 21(4), 577–608.

Grawe K (2004) Neuropsychotherapie. Göttingen. Hogrefe.

Gysi J (2021) Diagnostik von Traumafolgestörungen: Multiaxiales Trauma-Dissoziations-Modell nach ICD-11. Hogrefe: Bern.

Gysi J (2022) PSYCHOTRAUMATOLOGIE – häufig gestellte Fragen (Q&A) // Version 2-3.6.2022

Habetha S, Bleich S, Sievers C, Marschall U, Weidenhammer J, Jörg M, Fegert JM (2012) Deutsche Traumafolgekostenstudie. Kein Kind mehr – kein(e) Trauma(kosten) mehr? Kiel: Schmidt & Klaunig.

Hacking I (1996) Multiple Persönlichkeit (Zur Geschichte der Seele in der Moderne). München: Carl Hanser.

Haddock DB (2001) The dissociative identity disorder sourcebook. New York: Contemporary Books.

Haferkamp L, Bebermeier A, Möllering A, Neuner F (2015) Dissociation is associated with emotional maltreatment in a sample of traumatized women with a history of child abuse. Journal of Trauma & Dissociation, 1, 16(1), 86–99.

Hall J, Olabi B, Lawrie SM, McIntosh AM (2010) Hippocampal and amygdala volumes in borderline personality disorder: A meta-analysis of magnetic resonance imaging studies. Personality and Mental Health, 4(3), 172–179.

Halligan SL, Michael T, Clark DM, Ehlers A (2003). Posttraumatic stress disorder following assault: The role of cognitive processing, trauma memory, and appraisals. Journal of Consulting and Clinical Psychology, 71, 419–431.

Harriman PL (1942) The experimental production of some phenomena related to multiple personality. Journal of Abnormal and Social Psychology, 37, 244–255.

Häuser W, Schmutzer G, Brähler E, Glaesmer H (2011) Misshandlungen in Kindheit und Jugend: Ergebnisse einer Umfrage in einer repräsentativen Stichprobe der deutschen Bevölkerung. Deutsches Ärzteblatt, 108, 17, 287–294.

Hermann JL (1992) Trauma and recovery. New York: Basic Books. (Dt. Fassung: siehe Hermann, Die Narben der Gewalt. Traumatische Erfahrungen verstehen und überwinden. Junfermann Paderborn, 2006).

Hofmann A, Gast U, Mattheß H, Huber M (2011) Therapieeinschätzungsskala TES. Reddemann L, Hofmann A, Gast U (Hrsg.) Psychotherapie der dissoziativen Störung (S. 200–208). Stuttgart: Thieme.

Huber M (1995) Multiple Persönlichkeit – Überlebende extremer Gewalt. Ein Handbuch. Frankfurt/M. Fischer.

Huber M (2003) Trauma und die Folgen (Trauma und Traumabehandlung – Teil 1). Paderborn: Junfermann.

Huber M (2010) Multiple Persönlichkeiten: Seelische Zersplitterung nach Gewalt. Paderborn: Junfermann.

Hulette AC, Freyd JJ, Fisher PA (2011) Dissociation in middle childhood among foster children with early maltreatment experiences. Child abuse & neglect, 35(2), 123.

International Society for the Study of Trauma and Dissociation. www.isstd.org. Zugriff am 20.11.2016.

ISSTD (International Society for the Study of Trauma and Dissociation) (2011) Guidelines for Treating Dissociative Identity Disorder in Adults, Third Revision. Journal of Trauma & Dissociation, 12(2), 115–187. Deutsche Bearbeitung siehe Gast U, Wirtz G (2016).

International Society for Traumatic Stress Studies (ISTSS) (2022, 15. Mai): Recovered memory of childhood trauma. https://istss.org/public-resources/trauma-basics/what-is-childhood-trauma/remembering-childhood-trauma. Zugriff am 08.10.2022.

Irle E, Lange C, Weniger G, Sachsse U (2007) Size abnormalities of the superior parietal cortices are related to dissociation in borderline personality disorder. Psychiatry Research: Neuroimaging, 156(2), 139–149.
Irwin HJ (1999) Pathological and nonpathological dissociation: The relevance of childhood trauma. The Journal of psychology, 133(2), 157–164.
Irwin HJ (1996) Childhood antecedents of out-of-body and Déjà Vu experiences. Journal of the American Society for Psychical Research.
Janet P (1889/1973) L' automatisme psychologique. (psychologischer Automatismus) Paris: Félix Alcan, 1889. Reprint: Société Pierre Janet, Paris, 1889/1973.
Janet P (1898) Névroses et idées fixes. Vol. 1. Felix Alcan, Paris.
Janet P (1887) L'anesthésie systématisée et la dissociation des phénomènes psychologiques. Raw Philosophique, 23, 449–472.
Janet P (1907) The Major Symptoms of Hysteria. Macmillan, London/New York. Second edition with new matter: 1920. Reprint of 1920-edition: Hafner, New York, 1965. Janet P (1909a) Les névroses, Flammarion, Paris.
Johnson J, Cohen P, Kasen S, Brook J (2006) Dissociative disorders among adults in the community, impaired functioning, and axis I and II comorbidity. Journal of Psychiatric Research, 40(2), 131–140.
Jones, E. (1960) Das Leben und Werk von Sigmund Freud. Band 1, Bern.
Karl A, Schaefer M, Malta LS, Dörfel D, Rohleder N, Werner A (2006) A meta-analysis of structural brain abnormalities in PTSD. Neuroscience & Biobehavioral Reviews, 30(7), 1004–1031.
Kirby JS, Chu JA, Dill DL (1993) Correlates of dissociative symptomatology in patients with physical and sexual abuse histories. Comprehensive Psychiatry, 34(4), 258–263.
Kissenberg A, Eckers D (2011) Behandlung von Kindern In: Reddemann L, Hofmann A, Gast U (Hrsg.) Lindauer Psychotherapie-Module: Dissoziative Störungen, 3. Auflage, S. 164–174. Stuttgart: Thieme
Kluft RP (1988a) The phenomenology and treatment of extremely complex multiple personality disorder. dissociation, 1, 47–58.
Kluft RP (1988b) Reflections on the traumatic memories of dissociative identity disorder patients. In: Lynn SJ, McConkey KM (Eds.) Truth in memory (pp. 304–322). New York: Gulidford.
Kluft RP (1989) Reflections on the traumatic memories of dissociative identity disorder patients. In SJ Lynn, K McConky (Hrsg.) Truth in memory. New York: Guilford, 1998.
Kluft RP (1993a) The initial stages of psychotherapy in the treatment of multiple personality disorder. Dissociation, 6, 145–161.
Kluft RP (1993b) Clinical approaches to the integration of personalities. In: RP Kluft, CG Fine (Eds.) Clinical perspectives on multiple personality disorder (pp. 101–133). Washington, DC: American Psychiatric Press.
Kluft, R.P. (1996). Treating the traumatic memories of patients with dissociative identity disorder. American Journal of Psychiatry, 153, 103–110.

Kluft RP (1996) Dissociative identity disorder. In Michelson LK, Ray WJ (Eds.) Handbook of Dissociation. Theoretical, empirical, and clinical Perspective. New York, Plenum Press, 344–366.

Kluft RP (1998) Reflections on the traumatic memories of dissociative identity disorder patients. In: SJ Lynn, K McConky (Eds.) Truth in memory. New York: Guilford, 1998.

Kluft RP (2009) A clinician's understanding of dissociation: Fragments of an acquaintance. In PF Dell, JA O'Neil (Hrsg.) Dissociation and the dissociative disorders: DSM-V and beyond (pp. 599–624). New York: Routledge.

Kluft RP (2011) Die Behandlung der Dissoziativen Identitätsstörung aus psychodynamischer Sicht. In: L Reddemann, A Hofmann, U Gast (Eds.) Psychotherapie der dissoziativen Störungen (pp. 3–25). Stuttgart, New York: Thieme.

Kluft, RP (2014) Pacing in der Traumatherapie. Verarbeitung der traumatischen Erinnerungen bei dissoziativen Störungen mit der Technik der Fraktionierten Abreaktion. Lichtenau/Westfalen: Probst. (Originalfassung: Shelter from the storm. Processing the traumatic memories of DID/DDNOS patients with fractionated abreaction technique. Create-Space Independent Publishing Platform 2013)

Korzewa MI, Dell PF, Links PS, Thabane L, Fougere P (2009) Dissociation in borderline personality disorder: A detailed look. Journal of Trauma & Dissociation, 10, 346–367.

Kownatzki R, Eilhardt S, Hahn B, Kownatzki A, Fröhling U, Huber M, ... Gast U (2012) Rituelle Gewalt. Psychotherapeut, 57(1), 70–76.

Kroll J, Fiszdon J, Crosby RD (1996) Childhood abuse and three measures of altered states of consciousness (dissociation, absorption and mysticism) in a female outpatient sample. Journal of personality disorders, 10(4), 345–354.

Kuballa F (2003) Multiple Persönlichkeitsstörung – Wahn der Therapeuten? ARD-Beitrag, siehe auch Pressemitteilung der ISSD 2003: www.dissoc.de/03-03-06.html. Zugriff am 20.11.2016.

Laporte L, Paris J, Guttman H, Russell J (2011) Psychopathology, childhood trauma, and personality traits in patients with borderline personality disorder and their sisters. Journal of personality disorders, 25(4), 448–462.

Lau J (1997) Die neueste Stimmung im Westen: Die vollends aufgeklärte Welt strahlt im Zeichen einer neuen Hysterie, DIE ZEIT, 13.07.1997.

Linden M, Strauß B (2013) Risiken und Nebenwirkungen von Psychotherapie: Erfassung, Bewältigung, Risikovermeidung. PSYCH up2date, 7(04), 203.

Liotti G (1992) Disorganized/ disoriented attachment in the etiology of the dissociative disorders. Dissociation, 5, 196–204.

Liotti G (1993) Disorganized attachment and dissociative experiences: An illustration of the developmental-ethological approach to cognitive therapy. In: H Rosen, KT Kuehlwein (Eds.) Cognivite therapie in action (pp. 213–239). San Francisco, CA: Jossey-Bass.

Liotti G (1999) Disorganization of attachement as a model of understanding dissociative psychopathology. In J Solomon, C George (Ed.) Attachement Disorganization (291–317). New York: Guilford.

Liotti G (in press) Disorganized/disoriented attachment in the psychotherapy of the dissociative disorders. In: S Goldberg, R Muir, J Kerr (Eds.), Attachment theory: Historical, developmental and clinical signifiance. Hillsdale, NJ: Analytic Press, Inc.

Lipschitz DS, Kaplan ML, Sorkenn J, Chorney P, Asnins GM (1996) Childhood abuse, adult assault, and dissociation. Comprehensive Psychiatry, 37, 261–266.

Lilienfeld S, Lynn S, Kirsch I, Chaves J, Sarbin T, Ganaway G, et al. (1999) Dissociative identity disorder and the sociocognitive model: recalling the lessons of the past. Psychological Bulletin, 125(5), 507–523.

Loewenstein RJ (1991) An office mental status examination for complex chronic dissociative symptoms and multiple personality disorder. Psychiatric Clinics of North America.

Loewenstein RJ (1994) Diagnosis, epidemiology, clinical course, treatment and costeffec-tiveness of treatment for dissociative disorders and MPD: Report submitted to the Clinton-Administration Task Force on Health Care Financing Reform. Dissociation, 7, 10–25.

Loewenstein RJ (2007) Dissociative Identity Disorder. Traumatic dissociation: Neurobiology and treatment, 275.

Loewenstein RJ, Frewen PA, Lewis-Fernández R (2017) Dissociative disorders. In: Sadock BJ, Sadock VA, Ruiz P (Eds.) *Kaplan & Sadock's Comprehensive Textbook of Psychiatry*. Vol 1. 10th ed. Philadelphia, PA: Wolters Kluwer/ Lippincott Williams & Wilkens; 1866–1952.

Loewenstein R J (2018) Dissociation debates: everything you know is wrong. Dialogues in Clinical Neuroscience, 20 (3), 229–242.

Lyssenko L, Schmahl C, Bockhacker L, Vonderlin R, Bohus M, Kleindienst N (2018) Dissociation in psychiatric disorders: A meta-analysis of studies using the Dissociative Experiences Scale. Am J Psychiatry. 2018 Jan 1;175(1), 37–46.

Main M, Morgan, H. (1996) Disorganization and disorientation in infant Strange Situation behavior: Phenotypic resemblance to dissociative states? In: L Michelson, W Ray (Eds.) Handbook of dissociation. New York: Plenum Press (p. 107–137).

Main M, Hesse ED (1992) Disorganized/disoriented infant behavior in the Strange Situation, lapses in the monitoring of reasoning and discourse during the parent's Adult Attachment Interview, and dissociative states. In M Ammaniti, D Stern (Eds.) Attachment and Psychoanalysis (pp. 86–140). Gius: Rome.

Main M, Hesse ED (1990) Parents' unresolved traumatic experiences are related to infant Disorganized attachment status: Is frightened and/or frightening parental behavior the linking mechanism? In: M Greenberg, D Cichetti, M Cummings (Eds.) Attachment in the Preschool Years. Chicago: Chicago University Press.

Macfie J, Toth SL, Rogosch FA, Robinson J, Emde RN, Cicchetti D. (1999) Effect of maltreatment on preschoolers' narrative representations of responses to relieve distress and of role reversal. Developmental Psychology, 35(2), 460.

Malinosky-Rummel RR, Hoier TS (1991) Validating measures of dissociation in sexually abused and nonabused children. Behavioral Assessment, 13, 341–357.

Maynes LC, Feinauer LL (1994) Acute and chronic dissociation and somatized anxiety as related to childhood sexual abuse. The American Journal of Family Therapy, 22(2), 165–175.

McFie JA (1999). The development of dissociation in maltreated preschoolers (child maltreatment, dissociative disorders, narratives). Dissertation Abstracts.

Mertens YL, Manthey A, Sierk A, Walter H, Daniels JK (2022) Neural correlates of acute post-traumatic dissociation: a functional neuroimaging script-driven imagery study. BJPsych Open. 2022 Jun 10;8(4):e109.

Michalzik P (1997) Ich sind zwei andere. Der Fall Sybil: Ist die multiple Persönlichkeit eine Erfindung? Süddeutsche Zeitung, 10.07.1997.

Michelson L, Ray W (1996) Handbook of dissociation. New York: Plenum Press

Mueller-Pfeiffer C, Rufibach K, Perron N, Wyss D, Kuenzler C, Prezewowsky C, Pitman RK, Rufer M (2012) Global functioning and disability in dissociative disorders, Psychiatry Research, 30, 200(2–3), 475–81.

Mulder RT, Beautrais AL, Joyce PR, Fergusson DM (1998) Relationship between dissociation, childhood sexual abuse, childhood physical abuse, and mental illness in a general population sample. American Journal of Psychiatry, 155, 806–811.

Myers CS (1940) Shell shock in France 1914–18. Cambridge: Cambridge University Press.

Myrick AC, Webermann AR, Langeland W, Putnam FW, Brand BL (2017) Treatment of dissociative disorders and reported changes in inpatient and outpatient cost estimates. *European Journal of Psychotraumatology*, 8(1), 1375829.

Neumann DA, Houskamp BM, Pollock VE, Briere J (1996) The long-term sequelae of childhood sexual abuse in women: A meta-analytic review. Child maltreatment, 1(1), 6–16.

Nick S, Richter-Appelt, H (2016) Zeugnisse der Wandlung: Integrationsprozesse von Frauen mit Dissoziativer Identitätsstörung. Eine qualitative Pilotstudie. Trauma & Gewalt 10(3), 218–229.

Nick S, Schroder J, Briken P, Richter-Appelt H (2019) Organisierte und Rituelle Gewalt in Deutschland – Praxiserfahrungen, Belastungen und Bedarfe von psychosozialen Fachkräften. Trauma und Gewalt, 13, 114127.

Nick S, Grundmann-Tuac J, Schäfer I, Gysi J (2022) Organisierte sexualisierte Gewalt – Herausforderungen und Chancen in der Diagnostik und Psychotherapie für Betroffene. Verhaltenstherapie. 32, 1–11.

Nijenhuis ERS (1999) Dissociation involves the body as much as the mind: A review of studies into somatoform dissociation. Proceedings of the 6th European Conference on Traumatic Stress. Istanbul, Turkey, Juni 5–8, S. 67.

Nijenhuis ERS, Den Boer JA (2008) Psychobiology of traumatization and trauma-related structural dissociation of the personality. In: E Vermetten, MJ Dorahy, D Spiegel (Hrsg.) Traumatic dissociation: Neurobiology and treatment (S. 219–236). Washington, DC: American Psychiatric Publishing.

Nijenhuis ERS, Spinhoven P, Van Dyck, R, Van der Hart O, Vanderlinden J (1998b) Degree of somatoform and psychological dissociation in dissociative disorders is correlated with reported trauma. Journal of Traumatic Stress, 11, 711–730.

Nijenhuis ERS, Van der Hart O (2011) Dissociation in Trauma: A New Definition and Comparison with Previous Formulations. Journal of Trauma & Dissociation, 12:416–445.

Nijenhuis ERS, Van Der Hart O, Kruger K, Steele K (2004) Somatoform dissociation, reported abuse and animal defence-like reactions. Australian and New Zealand Journal of Psychiatry, 38(9), 678–686.

Nijenhuis ERS, Van der Hart O, Steele K (2003) Strukturelle Dissoziation der Persönlichkeitsstruktur, traumatischer Ursprung, phobische Residuen. In: L Reddemann, A Hofmann, U Gast (Hrsg.), Psychotherapie der dissoziativen Störung (pp. 3–26). Stuttgart: Thieme.

Nijenhuis E, Moreira-Almeida A, Lewis-Fernandez R, Moskowitz A (2014) Proposals and evidence for the ICD-11 classification of Dissociative Disorders. World Congress of Psychiatry 14.–18. September 2014.

Noll, J. G., Trickett, P. K., Putnam, F. W. (2003). A prospective investigation of the impact of childhood sexual abuse on the development of sexuality. *Journal of consulting and clinical psychology*, 71(3), 575.

Ogawa J, Sroufe LA, Weinfield NS, Carlson E, Egeland B (1997) Development and the fragmented self: A longitudinal sudy of dissociative symptomatology in a nonclinical sample. Development and Psychopathology, 9, 855–1164.

Overkamp B (2005) Differentialdiagnostik der dissoziativen Identitätsstörung (DIS) in Deutschland – Validierung der Dissociative Disorders Interview Schedule (DDIS). Dissertation, Universität München.

Pape W, Wöller W (2015) Niedrig dosiertes Naltrexon in der Behandlung dissoziativer Symptome. Nervenarzt 86, 346–351.

Paulus J (1995) Wenn Ich ein Plural ist. DIE ZEIT, 13.01.1995.

Pietkiewicz IJ, Bańbura-Nowak A, Tomalski R, Boon S (2021) Revisiting false-positive and imitated dissociative identity disorder. *Frontiers in Psychology, 12.*

Plumer WS (1860) Mary Reynolds: a case of double consciousness. Harper's Magazine, 20, 807–12.

Porges SW (2010) Die Polyvagal-Theorie – Emotion, Bindung, Kommunikation und ihre Entstehung, neurophysiologische Grundlagen der Theorie. Paderborn: Junfermann.

Prince M (1906) Dissociation of personality. New York: Longman, Green.

Prince M (1905) The Dissociation of a Personality: A Biographical Study in Abnormal Psychology. The University Press, Cambridge, USA.

Putnam FW (1994) Dissociation and disturbances of self. In: D Cicchetti, SL Toth (Eds.) Rochester symposium on developmental psychopathology: Disorders and dysfunctions of the self (Vol. 5, pp. 251–265). New York: University of Rochester Press.

Putnam FW (2003) Die Dissoziative Identitätsstörung. Paderborn: Junfermann. (Original: Putnam FW (1989) Diagnosis and treatment of Multiple Personality Disorder. New York: Guilford Press.

Putnam FW, Guroff J, Silberman E, Barban L, Post, R (1986) The clinical phenomenology of multiple personality disorder: review of 100 recent cases. Journal of Clinical Psychiatry, 47(6), 285–293.

Pribor EF, Yutzy SH, Dean JT, Wetzel RD (1993) Briquet's syndrome, dissociation and abuse. American Journal of Psychiatry, 150, 1507–1511.

Rafiq S, Campodonico C, Varese F (2018) The relationship between childhood adversities and dissociation in severe mental illness: a meta-analytic review. Acta Psychiatr Scand, 138, 509–525.

Reddemann L, Hofmann A, Gast U (2011) (Eds.) Psychotherapie der dissoziativen Störung (pp. 3–26). Stuttgart: Thieme.

Reddemann L, Sachsse U (1997) Traumazentrierte Psychotherapie I: Stabilisierung. Persönlichkeitsstörungen, PTT 1(3), 113–147.

Reinders AS (2008) Cross-examining dissociative identity disorder: neuroimaging and etiology on trial. Neurocase, 14(1), 44–53.

Reinders AA, Nijenhuis ERS, Quak J, Korf J, Haaksma J, et al. (2006) Psychobiological characteristics of dissociative identity disorder: a symptom provocation study. Biological Psychiatry, 60, 730–740.

Reinders AATS, Veltman DJ (2020) Dissociative identity disorder: out of the shadows at last? Br J Psychiatry. 2020 Oct 7,1–2. Epub ahead of print.

Rodewald F, Fellensiek E, Gast U (2006) Dissoziative Störungen und Komorbiditäten bei allgemein-psychiatrischen Patienten. Vortrag gehalten auf der 8. Jahrestagung der Deutschsprachigen Gesellschaft für Psychotraumatologie (DeGPT) am 12.05.2006 in Hannover.

Rodewald F (2005) Diagnostik dissoziativer Störungen. Dissertation. Hannover

Rodewald F, Wilhelm-Gössling C, Emrich HM, Reddemann L, Gast U (2011) Axis-I comorbidity in female patients with dissociative identity disorder and dissociative identity disorder not otherwise specified. Journal of Nervous and Mental Disease, 199, 122–131.

Roesler TA, McKenzie N (1994) Effects of childhood trauma on psychological functioning in adults sexually abused as children. Journal of Nervous and Mental Disease, 182(3), 145–150.

Ross CA, Anderson G, Fleisher WP., Norton GR (1991) The frequency of multiple personality disorder among psychiatric inpatients. American Journal of Psychiatry, 150, 1717–1720.

Ross CA, Dua V (1993) Psychiatric health care costs of multiple personality disorder. American Journal of Psychotherapy, 47, 103–112.

Ross CA, Norton GR, Womey K (1989) Multiple personality disorder: an analysis of 236 cases. Canadian Journal of Psychiatry, 34, 413–418.

Ross CA, Norton GR (1988a) Multiple Personality Disorder Patients with a prior Diagnosis of Schizophrenia. Dissociation, 1, 39–42.

Ross CA (1997) Multiple Personality Disorder. Diagnosis, Clinical Features, and Treatment (Vol. 2). New York: Wiley.

Roydeva MI, Reinders AA (2020) Biomarkers of pathological dissociation: A systematic review. Neuroscience & Biobehavioral Reviews, 123, 120–202.

Runder Tisch (2011) Sexueller Kindesmissbrauch in Abhängigkeits- und Machtverhältnissen in privaten und öffentlichen Einrichtungen und im familiären Bereich: Abschlussbericht. Drucksache 17/8117-24 – Deutscher Bundestag – 17. Wahlperiode. https://www.bmj.de/SharedDocs/Downloads/DE/Fachinformatio nen/Abschlussbericht_RTKM.pdf?__blob=publicationFile. Zugriff am 08.08.2022

Ruocco AC, Medaglia JD, Tinke, JR, Ayaz H, Forman EM, Newman CF, … Chute DL (2010) Medial prefrontal cortex hyperactivation during social exclusion in borderline personality disorder. Psychiatry Research: Neuroimaging, 181(3), 233–236.

Sack M, Sachsse U (Eds.) (2013) Komplexe Traumafolgestörungen: Diagnostik und Behandlung von Folgen schwerer Gewalt und Vernachlässigung. Schattauer Verlag.

Sanders B, Giolas M (1991) Dissociation and childhood trau-ma in psychologically disturbed adolescents. American Journal of Psychiatry, 148, 50–54.

Sachsse U (2004) Traumazentrierte Psychotherapie. Stuttgart, New York: Schattauer.

Sar V, Tutkun H, Alyanak B, Bakim B, Baral I (2000) Frequency of dissociative disorders among psychiatric outpatients in Turkey. Comprehensive Psychiatry, 41, 216–22.

Sar V, Kundakci T, Kiziltan E, et al. (2003) The Axis-I dissociative disorder comorbidity of borderline personality disorder among psychiatric outpatients. Journal of Trauma & Dissociation, 4, 119–36.

Sar V, Akyüz G, Dogan O (2007) Prevalence of dissociative disorders among women in the general population. Psychiatry Research, 149, 169–76.

Sar V (2011) Epidemiology of dissociative disorders: An overview. Epidemiology Research International, 2011.

Saxe G, Van der Kolk B, Berkowitz R, Chinman G, Hall K, Lieberg G et al. (1993) Dissociative disorders in psychiatric inpatients. American Journal of Psychiatry, 150(7), 1037–1042.

Saß H, Wittchen H-U, Zaudig M, Houben I (2003) Diagnostisches und Statistisches Manual Psychischer Störungen, Textrevision, DSM-IV-TR. Göttingen: Hogrefe.

Schäfer I, Gast U, Hofmann A, Knaevelsrud C, Lampe A, Liebermann P, Lotzin A, Maercker A, Rosner R, Wöller W (2019) S3-Leitlinie Posttraumatische Belastungsstörung. Berlin: Springer. https://www.awmf.org/uploads/tx_szleitlini

en/155-001l_S3_Posttraumatische_Belastungsstoerung_2020-02_1.pdf. Zugriff am 09.10.2022.

Schleu A, Hillebrandt V, Kacmarek S, Strauß B (2013) Patientenbeschwerden über psychotherapeutische Behandlungen. In: Linden M, Strauß B (Hrsg.) Risiken und Nebenwirkungen von Psychotherapie. Berlin: Medizinische Verlagsgesellschaften. (S. 87–99).

Schleu A, Gutmann T (2015) Zivilrechtlicher Vergleich als Lösungsweg nach sexueller Grenzverletzung in der Psychotherapie. Psychotherapeut 60(3), 239–244.

Schleu A (2020) Umgang mit Grenzverletzungen – professionelle Standards und ethische Fragen in der Psychotherapie. Berlin: Springer.

Schlumpf YR, Nijenhuis ER, Chalavi S, Weder EV, Zimmermann E, Luechinger R, … Jäncke L (2013) Dissociative part-dependent biopsychosocial reactions to backward masked angry and neutral faces: An fMRI study of dissociative identity disorder. NeuroImage: Clinical.

Schmahl C, Bohus M, Esposito F, Treede RD, Di Salle F, Greffrath W, … Seifritz E (2006) Neural correlates of antinociception in borderline personality disorder. Archives of General Psychiatry, 63(6), 659.

Schneider W (2013) Nebenwirkungen von Psychotherapie beim Psychotherapeuten. In: Linden M, Strauß B (Hrsg.) Risiken und Nebenwirkungen von Psychotherapie. Berlin: Medizinische Verlagsgesellschaften. S. 137–148.

Schomerus G (2013) Stigmatisierung der Opfer von Kindesmisshandlung. In: Spitzer C, Grabe HJ (Hg.) Kindesmißhandlung. Psychische und körperliche Folgen im Erwachsenenalter (S. 413–420). Stuttgart: Kohlhammer.

Schore AN (2013) Relational Trauma, Brain Development, and Dissociation. Treating Complex Traumatic Stress Disorders in Children and Adolescents: Scientific Foundations and Therapeutic Models, 1.

Schreiber FR (1977) Sybil. Persönlichkeitsspaltung einer Frau. Kindler. München Original: Sybil (1973). Chicago: Regnery.

Schröder J, Behrendt P, Nick S, Briken P (2020) Hintergründe und psychische Folgen organisierter und ritueller Gewalt – Berichte an die Unabhängige Kommission zur Aufarbeitung sexuellen Kindesmissbrauchs. *Fortschr Neurol Psychiatr*, 88(06), 374–378.

Schulte JG, Dinwiddie SH, Pribor EF, Yutzy SH (1995) Psychiatric diagnoses of adult male victims of childhood sexual abuse. The Journal of nervous and mental disease, 183(2), 111–112.

Schultz R, Braun BG, Kluft RP (1989) Multiple personality disorder: Phenomenology of selected variables in comparison to major depression. Dissociation, 2, 45–51.

Sielberg J (1998). The dissociative Child: Diagnosis, treatment and management. Lutherville: Sidran Press

Simm M (1997) Trau keinem – nicht einmal Dir selbst. Frankfurter Rundschau, 26.07.1997

Spiegel D, Loewenstein RJ, Lewis-Fernandez R, et al. (2011) Dissociative disorders in DSM-5. Depress Anx., 28(9), 824–852.

Spitzer C, Freyberger HJ, Kessler CH (1994). Der Fragebogen zu Dissoziativen Symptomen – ein Screening-Instrument für Dissoziative Störungen in der Neurologie und Psychiatrie. Aktuelle Neurologie, 21, (Sonderheft 1), 21–22.

Steele K, Van der Hart O, Nijenhuis ERS (2009) The Theory of Trauma-Related Structural Dissociation of the Personality. In: PF Dell, JA O'Neil (Hrsg.) Dissociation and the Dissociative Disorders: DSM-V and Beyond (S. 240–250), Routledge: Chapman & Hall.

Steele K, Boon S, Van der Hart O (2017) Die Behandlung traumabasierter Dissoziation. Eine praxisorientierte, integrative Vorgehensweise. Probst: Lichtenau. (Original: Steele K, Boon S, Van der Hart O (2016) Treating trauma-related dissociation: A practical, integrative approach (Norton series on interpersonal Neurobiology). WW Norton & Company).

Steinberg M (1994a) The Structured Clinical Interview for DSM-IV Dissociative Disorders-Revised (SCID-D). Washington, D. C., American Psychiatric Press. Deutsche Bearbeitung: Gast U, Oswald T, Zündorf F, Hofmann A (1999) SKID-D – Strukturiertes Klinisches Interview für dissoziative Störungen. Hogrefe, Göttingen.

Steinberg M (1994b) The Interviewer's Guide to the Structured Clinical Interview for DSM-IV Dissociative Disorders – Revised. Washington, D. C., American Psychiatric Press. Deutsche Bearbeitung: Gast U, Oswald T, Zündorf F, Hofmann A (1999) Manual zum Strukturierten Klinischen Interview für DSM-IV – Dissoziative Störungen SCID-D. Hogrefe, Göttingen.

Steinberg M (1995) Handbook for the assessment of dissociation. A clinical guide. Washington DC: American Psychiatric Press.

Steinberg M, Cicchetti D, Buchanan J, Hall P, Rounsaville B (1993). Clinical assessment of dissociative symptoms and disorders: The Structured Clinical Interview for DSM-IV Dissociative Disorders (SCID-D). Dissociation, 6, 3–15.

Steinberg M, Hall P, Lareau C, Cicchetti D. (2000) Recognizing the Validity of Dissociative Symptoms Using the Scid-DR: Guidelines for Clinical and Forensic Evaluations. C. Cal. Interdisc. LJ, 10, 225.

Stevenson RL (2004) Der seltsame Fall von Dr. Jekyll und Mr. Hyde. (Originaltitel: The Strange Case of Dr. Jekyll and Mr. Hyde,1886). Deutsch von Grete Rambach. Insel-Verlag, Frankfurt am Main und Leipzig.

Stiglmayr C, Schmahl C, Bremner JD, Bohus M, Ebner-Priemer U (2009) Development and psychometric characteristics of the DSS-4 as a short instrument to assess dissociative experience during neuropsychological experiments. Psychopathology, 42(6), 370–374.

Stingelin M (1997) Evas viele Gesichter. Multiple Persönlichkeitsstörung: Neues über ihre Anfänge, Frankfurter Allgemeine Zeitung, 21.06.1997.

Süddeutsche Zeitung (2021) Ghislaine Maxwell schuldig gesprochen, 29.12. 2021. www.sueddeutsche.de/panorama/prozess-ghislaine-maxwell-jeffrey-epstein-1.5496804)

Sutcliff JP, Jones J (1962) Personal identity, multiple personality, and hypnosis. International Journal of Clinical and Experimental Hypnosis, 10, 231–269.

Tamar-Gurol D, Sar V, Karadag F, Evren C, Karagoz M (2008) Childhood emotional abuse, dissociation, and suicidality among patients with drug dependency in Turkey. Psychiatry and Clinical Neuroscience, 62, 540–7.

Taylor WS, Martin MF (1944) Multiple personality. Journal of Abnormal and Social Psychology, 281–300.

TAZ (2023) Rituelle Gewalt, von Ansa S-E, Lang Fuentes, R. (11.02.2023). https://taz.de/Rituelle-Gewalt/!5912309/ (letzter Abruf: 25.02.2023).

Teicher MH, Rabi K, Sheu YS, et al. (2010) Neurobiology of childhood trauma and adversity. In: Lanius RA, Vermetten E, Pain C (Hrsg.) The Impact of Early Life Trauma on Health and Disease: The Hidden Epidemic (S. 112–122). Cambridge: Cambridge University Press.

Teicher MH, Samson JA, Sheu YS, Polcari A, McGreenery CE (2010) Hurtful words: Exposure to peer verbal aggression is associated with elevated psychiatric symptom scores and corpus callosum abnormalities. The American journal of psychiatry, 167(12), 1464.

Teicher MH, Samson JA (2013) Childhood Maltreatment and Psychopathology: A Case for Ecophenotypic Variants as Clinically and Neurobiologically Distinct Subtypes. American Journal of Psychiatry, 170(10), 1114–1133.

Terr LC (1991) Childhood traumas: an outline and overview. American Journal of Psychiatry, 148, 10–20.

Trickett PK, Noll JG, Putnam FW (2011) The impact of sexual abuse on female development: Lessons from a multigenerational, longitudinal research study. Development and Psychopathology, 23(2), 453.

Trickett PK, Noll JG, Reiffman A, Putnam FW (2001) Variants of intrafamilial sexual abuse experience: Implications for short- and long-term development. Development and Psychopathology, 13, 1001–1019.

Tölle R (1997) Persönlichkeitsvervielfältigung? Die sogenannte multiple Persönlichkeit oder dissoziative Identitätsstörung. Deutsches Ärzteblatt, 94,1868–1870.

Thigpen CH, Cleckley H (1954) A case of multiple personality. Journal of Abnormal and Social Psychology, 49, 135–151.

Thomas A (2001) Factitious and Malingered Dissociative Identity Disorder: Clinical Features Observed in 18 Cases. Journal of Trauma & Dissociation, 2, 59–78.

Tuerkheimer D (2021) Gishlaine Maxwell is guilty. What happens next is critical. The New York Times. https://www.nytimes.com/2021/12/29/opinion/maxwell-epstein-sexual-abuse.html.

Unabhängige Beauftragte für Fragen des sexuellen Kindsmissbrauchs (2022, 15. Mai). Was ist unter organisierter sexualisierter und ritueller Gewalt zu ver-

stehen? https://beauftragter-missbrauch.de/themen/definition/ organisierte-sexualisierte-und-rituelle-gewalt.
UNICEF (2003) UNICEF-Innocenti Report Card Nr. 5: A league table of child maltreatment deaths in rich nations.
Van Der Hart O, Nijenhuis E, Steele K, Brown D (2004) Trauma-related dissociation: conceptual clarity lost and found. Australian and New Zealand Journal of Psychiatry, 38(11–12), 906–914.
Van der Hart O, Nijenhuis ERS, Steele K (2008) Das verfolgte Selbst: Strukturelle Dissoziation und die Behandlung chronischer Traumatisierungen. Berlin, Junferman. Original: Van der Hart O, Nijenhuis ERS, Steele K (2006) The haunted self: structural dissociation and the treatment of chronic traumatization. New York, Norton.
Van der Hart O, Martin J, Dorahy MJ (2009) History of the Concept of Dissociation In: PF Dell, JA O'Neil (Eds.) Dissociation and the Dissociative Disorders (pp. 228–233). Routledge: Chapman & Hall.
Van der Hart O, Van der Kolk B, Boon S (1998) Treatment of dissociative disorders. In: JD Bremner, C Marmar (Eds.) Trauma, memory, and dissociation (pp. 253–283). Washington, DC: American Psychiatric Press.
Van der Kolk BA, Pelcovitz D, Roth S, Mandel FS (1996) Dissociation, somatization, and affect dysregulation: The complexity of adaption to trauma. American Journal of Psychiatry, 153, 83–93.
Vanderlin R, Kleindienst N, Alpers G, Bohus M, Lyssenko L, Schmahl C (2018) Dissociation in victims of childhood abuse or neglect: a meta-analytic review. *Psychological Medicine*. 48, 1–10.
Vermetten E, Schmahl C, Lindner S, Loewenstein RJ, Bremner JD (2006) Hippocampal and amygdalar volumes in dissociative identity disorder. The American journal of psychiatry, 163(4), 630.
Vissia EM, Giesen ME, Chalavis et al. (2016) Is it trauma- or fantasybased? Comparing dissociative identity disorder, post-traumatic stress disorder, simulators, and controls. *Acta Psychiatrica Scandinavica*, 134, 111–128.
Wabnitz P, Gast U, Catani C (2013) Differences in trauma history and psychopathology between PTSD patients with and without co-occurring dissociative disorders. European Journal of Psychotraumatology. 26, 4.
Waldvogel B, Ullrich A, Strasburger H (2007) Blind und Sehend in Einer Person, Nervenarzt, 11, 1303–09.
Waller NG, Putnam FW, Carlson E (1996) Types of dissociation and dissociative types: A taxometric analysis of dissociative experiences. Psychological Methods, 1, 300–321.
Walther M, & Briken (2022) Sexueller Missbrauch–die Perspektive der Betroffenen. PiD-Psychotherapie im Dialog, 23(02), 70–74.
Wampold BE (2010) The basic of psychotherapy: An introduction to theory and practice Washington DC: American Psychological Association.

Wirtz G, Frommberger U (2013) Diagnostik Dissoziativer Störungen in der ambulanten und stationären Behandlung Theorie und Praxis, Trauma & Gewalt, 3, 182–192.

Wilhelm-Gößling C (2011) Stationäre und ambulante Behandlung komplexer dissoziativer Störungen (DIS, DDNOS) – am Beispiel Deutschlands. In: L Reddemann, A Hofmann, U Gast (Hrsg.) Psychotherapie der dissoziativen Störung (pp. 157–163). Stuttgart: Thieme.

WHO (2019) International Classification of Diseases 1th Revision (ICD-11). Retrieved 2020 from https://icd.who.int/en. ICD-11 in Deutsch – Entwurfsfassung: www.bfarm.de/DE/Kodiersysteme/Klassifikationen/ICD/ICD-11/uebersetzung/_node. Zugriff am 04.01.2023.

World Health Organisation (1992) ICD-10. International statistical classification of diseases and related health problems. Geneva: WHO.

World Health Organisation (1975) ICD-9. International statistical classification of diseases and related health problems. Geneva: WHO.

Wöller W (2005) Traumawiederholung und Reviktimisierung nach körperlicher und sexueller Traumatisierung Fortschritte der Neurologie und Psychiatrie, 73, 83–90.

Wöller W (2013) Trauma und Persönlichkeitsstörungen. Ressourcenbasierte psychodynamische Therapie (RPT) für traumabedingte Persönlichkeitsstörungen. 2. Aufl. Stuttgart: Schattauer.

Wöller W, Leichsenring F, Leweke F, Kruse J (2012) Psychodynamic psychotherapy for posttraumatic stress disorder related to childhood abuse – Principles for a treatment manual. Bulletin of the Menninger Clinic, 76(1), 69–93.

Zlotnick C, Begin A, Shea MT, Pearlstein T, Simpson E (1994) The relationship between characteristics of sexual abuse and dissociative experiences. Comprehensive Psychiatry, 35, 465–470.

Zlotnick C, Shea TM, Pearlstein TB, Begin A, Simpson EB, Costello E (1996) Differences in dissociative experiences between survivors of childhood incest and survivors of assault in adulthood. Journal of Nervous and Mental Disease, 184, 52–54.

Züricher Zeitung (2025) Der Glaube an satanistischen Missbrauch breitet sich in der Schweiz aus, von Schneider RU, Wanner A (21.05.2022) https://www.nzz.ch/gesellschaft/der-glaube-an-satanistischen-missbrauch-breitet-sich-in-der-schweiz-aus-ld.1684880. (letzter Abruf 25.02.2023)

Weitere Informationen

www.degpt.de:
Deutschsprachige Gesellschaft für Psychotraumatologie e.V. (2022):

»Psychotraumatologie: Häufig gestellte Fragen (Q&A). Evidenzbasierte Antworten auf die wichtigsten Fragen«. heruntergeladen am [Datum]

www.hilfe-portal-missbrauch.de:
Das Hilfe-Portal Sexueller Missbrauch ist ein Angebot der Unabhängigen Beauftragten für Fragen des sexuellen Kindesmissbrauchs (UBSKM). Approbierte psychologische und ärztliche Psychotherapeutinnen und Psychotherapeuten mit und ohne Kassensitz können sich im Hilfeportal kostenfrei registrieren, wenn sie Hilfe bei sexueller Gewalt anbieten können und möchten.

https://kinderschutzhotline.de:
Die Medizinische Kinderschutzhotline ist ein vom Bundesministerium für Familie, Senioren, Frauen und Jugend (BMFSFJ) gefördertes, bundesweites, kostenfreies und 24 Stunden erreichbares telefonisches Beratungsangebot für Angehörige der Heilberufe, Kinder- und Jugendhilfe und Familiengerichte bei Verdachtsfällen von Kindesmisshandlung, Vernachlässigung und sexuellem Kindesmissbrauch. Die Projektleitung hat Prof. Jörg M. Fegert von der Klinik für Kinder- und Jugendpsychiatrie/Psychotherapie Ulm.

https://www.isst-d.org:
Homepage der ISSTD International Society for the Study of Trauma and Dissociation

Stichwortverzeichnis

A

Absorption 50
Affektive Störung 87
Affektmodulation 121
Affektregulation 81
Alltagspersönlichkeit 134
Alter disorder 44
Alter-Ego 44
Altersregression
– spontane 105
Amnesie 30, 55
Amygdala 80
Anscheinend Normaler Persönlichkeitsanteil (ANP) 26, 51
Aufspaltung 21
– komplexe 23

B

Behandlung 118
– Arbeit mit Persönlichkeitsanteilen 132
– Beziehungsgestaltung 129
– einfacher Dissoziativer Störungen 119
– Herausforderungen 143
– komplexer Dissoziativer Störungen 123
– pharmakologische 137
– phasenorientierte 124
– stationäre 128
Besessenheit 24
Bindung 77
– desorganisierte 66, 68, 77
Borderline-Persönlichkeitsstörung 80, 101

C

Co-Bewusstsein 25
Corpus callosum 79
Cortex
– präfrontaler 79

D

Denkstörungen
– formale 101
Diagnostik 93
Differentialdiagnostik 101
– somatische 94
Dimensions of Therapeutic Movement Instrument (DTMI) 153
Dissociative Experiences Scale (DES) 106
Dissoziation 17
– als Coping-Strategie 69
– als Kontinuum 35
– Definition 52
– historisch 22, 23
– Kategorisierung 34

Stichwortverzeichnis

- Neigung 69
- primäre strukturelle 50
- sekundäre strukturelle 50
- somatoforme 35
- strukturelle 23, 49
- tertiäre strukturelle 50

Dissoziation der Persönlichkeit 21
Dissoziative Identitätsstörung 30
- artifizielle 102
- Differentialdiagnostik 102
- Komorbidität 103
- Validität 36

Dissoziative Störungen
- Diagnostik 108
- Klassifikation 35
- psychogen geprägte 94
- unspezifische diagnostische Hinweise 104

Dissoziativ-neurologische Symptomstörungen 35
DSM-5 30
DSM-III 23
DSM-IV 30

E

Emotionaler Persönlichkeitsanteil (EP) 26, 51
Erinnerungsforschung 37, 79

F

False memory 36
False Memory Syndrom Foundation (FMSF) 37
Fehlvorstellungen bei Therapeutinnen 96
fixe Ideen 24, 50
fMRT 81
Folter
- physische 73
- sexuelle 73

Fragebogen für Dissoziative Symptome (DES) 106

G

Gefühlsüberflutungen 145
Gegenübertragung 129
Gewalt
- organisierte 75, 152
- rituelle 75, 151

H

Hippocampus 79, 80
Hypnose 36
Hysterie 27

I

ICD-11 30, 35
Identitäten 30
Identitätsunsicherheit 114
Identitätswechsel 114
Innere-Kind-Arbeit 146
Integration 139
Intrusionen 45
- negative 45
- positive 45
Inzest 73

K

Kartieren 135, 136
Kinderprostitution 73
Konversionsneurose 34

L

Limbisches System 80

Stichwortverzeichnis

M

Missbrauch
- emotionaler 74
- ritueller 75
- sexueller 27

Misshandlung
- emotionale 70

Modell
- der strukturellen Dissoziation 43
- Iatrogenes 31, 36
- Soziokognitives 36
- subjektiv-phänomenologisches 45

Multiple Persönlichkeit (MPS) 23, 25, 39
Multiple Realitäten 147

N

Nachreifung 125

O

Occipitallappen 79

P

Persönlichkeitsanteile 132
Persönlichkeitsstörung 87
- histrionische 97
Persönlichkeitszustände 30
Phantasieneigung 68
Polyvagal-Theorie 83
Prävalenz
- belastender Lebensereignisse 70
- dissoziativer Störungen 86
Pseudoerinnerungen 37
Pseudohalluzinationen 100
Psychoanalyse 22, 30
Psychose 99

R

Risikopopulationen 87

S

Scham 95
Schizophrenie 22, 87, 101
Screening-Instrumente 106
Script-Driven Imagery-Methode (SDI) 81
Selbstbeobachtung 122
Selbstbestrafung 128
Selbstkompetenz 143
Selbstverletzung 143
Selbstwahrnehmung 122
Sicherer Ort
- innerer 138
Somatoform Dissociation Questionnaire (SDQ-20) 106
Somatoforme Störungen 34
Stessreaktionen
- chronische 79
Stimmenhören 105
Stresslevel
- posttraumatisches 81
Structured Clinical Interview for DSM-IV-Dissociative Disorders (SCID-D) 108
Strukturiertes Klinisches Interview für Dissoziative Störungen (SKID-D) 108
Substanz
- graue 80
- weiße 80
Suggestion 36

T

Täter-Introjekte 147
Täterkontakt 151

Stichwortverzeichnis

Therapieeinschätzungsskala (TES) 153
Trauma 66
Traumabearbeitung
– fraktionierte 138
Traumakonfrontation 125, 138
Traumatisierung
– emotionale 66
– erfragen 111
– körperliche 66
– sekundäre 152
– sexuelle 66, 70

U

Übertragung 129

V

Verdrängung 27
Verleugnung 131
Vernachlässigung 70
– emotionale 66, 77

Personenverzeichnis

A

Ainsworth, Mary 77

B

Bleuler, Eugen 31
Boon, Suzette 135
Breuer, Joseph 27
Brown, Daniel 50

C

Cardena, Edzel 36
Claus, Kerstin 12

D

Dalenberg, Constance J. 36
Dell, Paul F. 44
Diseth, Trond H. 69
Dutra, Lissa 68

F

Fisher, Philip A. 69
Freud, Sigmund 22, 27
Freyd, Jennifer J. 69

G

Gleaves, David 36
Gysi, Jan 13, 76, 105, 107

H

Haddock, Deborah 121
Harrimann, Philip Lawrence 31
Hesse, Erik 78
Huber, Michaela 39, 107
Hulette, Annmarie C. 69

J

Janet, Pierre 22, 24, 50

K

Kluft, Richard P. 33, 138, 147

L

Loewenstein, Richard J. 36, 148
Lyons-Ruth, Karlen 68

M

Main, Mary 78
Mason, Shirly 131
McFie, Jenny 68
Morgan, Hillary 78
Myers, Charles 26, 51

N

Nijenhuis, Ellert 23, 43, 50, 52, 81
Noll, Jennie G. 69

O

O, Anna 27

P

Prince, Morton 25
Putnam, Frank W. 69, 78

R

Reddemann, Luise 138
Reinders, Simone 82
Reynolds, Mary 24

S

Sachsse, Ulrich 138
Sar, Verdat 87, 104
Schleu, Andrea 144, 152
Steele, Kathy 23, 50
Steinberg, Marlene 102

T

Trickett, Penelope K. 69

V

Van der Hart, Onno 23, 43, 50, 52

W

Wilbur, Cornelia B. 33, 131